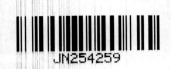

神からの借財人 コジモ・デ・メディチ

西藤洋

Cosimo de' Medici

十五世紀フィレンツェにおける
一事業家の成功と罪

法政大学出版局

神からの借財人　コジモ・デ・メディチ――十五世紀フィレンツェにおける一事業家の成功と罪◉目次

はじめに

一三八九年、フィレンツェのメディチ家に男の子が誕生し、コジモと名づけられた。キリスト教徒への迫害がつづいていた四世紀頃のキリキアで貧しい人びとや家畜の病を無償で癒していた信仰篤い双子の兄弟コスマスとダミアーヌスのひとり、コスマスが守護聖人となるよう名づけられたのである。現在のトルコ南部、地中海に面した地域キリキアは、紀元前一世紀にローマ帝国によって征服され、その属州となっていた。コスマスとダミアーヌスは、ときの皇帝ディオクレティアーヌスによる迫害のさなかに殉教したとされる。

コジモが生まれたのは何月何日のことであったか、それは、はっきりとは分からない。マキャヴェッリは、一三八九年の聖コスマスと聖ダミアーヌスの日に生まれたと述べており、そのとおりであるとすれば、同年九月二六日が出生の日ということになる。[1]けれども、フィレンツェに今も保存されている帳票のひとつ、今日の住民台帳のような帳票には一三八九年四月十日出生と記録されているという。[2]また、メディチ家が属する教区の教会であり、一族の墓所でもあったサン・ロレンツォ教会の聖堂床面に刻まれているコジモの

1　マキャヴェッリ『フィレンツェ史』、在里・米山訳、三三三頁。

2　後述するようにフィレンツェ共和国では主要な公職に就く者は抽選で指名された。ただし、指名される者はいくつかの要件を充たしていなければならず、そのひとつは年齢であった。マキロップによればここにいう帳票とはこの年齢を確認するためのものであるという。McKillop (1992), p. 246.

墓標にしたがっていえば、コジモが生まれたのは帳票記載の日付より一日後の四月十一日ということになる。墓標には、コジモは七十五年と三ヶ月、そして二十日の間生きたと記されており、他界したとされる一四六四年八月一日から逆算すれば一三八九年四月十一日が誕生の日ということになるからである。コジモ自身もそのように語っていたという。それは、ただし、四月十一日がこの年の〈しゅろの日曜日〉（Palm Sunday）、イエス・キリストがエルサレムに入り、人びとがオリーブとしゅろの葉を道に敷いて迎えたことを記念する祝日であったからかもしれない。この時代、教会や守護聖人の祝日を誕生の日とすることはしばしば行われていたようである。[3]

いずれにせよ、一三八九年のある日、メディチ家にひとりの男の子が生まれ、コジモと名づけられたのはまちがいない。そして、そのコジモは、後に老コジモ（Cosimo il Vecchio）と呼ばれることがあったように長寿をまっとうした。単に長生きしただけではない。七十五年もの生涯を閉じるまでこの世の生を存分に生き、現世における成功と栄誉をつかみとったのである。後の章で立ち入って紹介するように、その間、メディチの事業を繁栄の頂点に導き、三十年ほどもの間、フィレンツェ共和国の事実上の統治者でありつづけた。また、いくつもの教会、修道院の造営や貧しい隣人、同胞救済のために惜しみなく寄進をつづけ、いく人もの画家や彫刻家、建築家、そして文人を手厚く支援した大パトロンのひとりでもあった。十五世紀フィレンツェの世俗の世界において並ぶ者のない存在であったといってよい。

3　McKillop（1992）, pp. 245-252 にはコジモとダミアーノの出生の日についての諸説が詳細に紹介されている。

なお、ケントによれば、コジモは双子の兄弟のひとりとして生まれたのだという。もうひとりのダミアーノは、ただし、まだ幼いうちに亡くなってしまったのだとされる。かなり後の代のことを別にすれば、生まれた男の子がコジモと名づけられた例はメディチ家にはないこと、そしてそれが、双子の殉教者コスマスとダミアーヌスに由来する命名であることからしても、ケントの述べるとおりであったとみてよいであろう。[4]

さて、そのメディチ家の人びとが出自の地といわれるイタリア、トスカーナの小さな集落ムジェッロ（Mugello）からフィレンツェに居を移して新たな家業を立ち上げたのは、十二世紀末から十三世紀初頭にかけてのこととされる。もともと何を生業としていたか、はっきりとは分からない。けれども、家名と紋章からみて、医師、あるいは薬種商を営んでいたと考えるひとが多い。メディチ（Medici）は医師を意味する言葉 *medico*（*medici* はその複数形）に由来しており、紋章にある六つの、ときには八つの赤い玉は、丸薬をかたどったものとみえるからである。しかし、この十二世紀末、あるいは十三世紀初頭には両替商を営むようになり、徐々に、金融業者としての地歩を固めていった。十四世紀後半にはフィレンツェだけなくローマやヴェネツィアに、また遠くフランドルの交易の要所、ブリュージュにも拠点を立ち上げ、商品の交易とそのための資金提供を手がけるまでになっている。

メディチは、ただし、遅ればせにやってきた事業家一族である。というのも、この、大きくなった事業の体制が一新され、〈メディチ銀行〉として創業されたのは十四世紀も末、一三九七年のこととされるが、[5] フィレンツェにかぎってみても、バルディ（Bardi）や

4 このことが記されているのは、コジモのパトロネージについてデール・ケントの著した浩瀚な書物においてである。Kent (2000), p. 141.

5 メディチの事業の推移については、第四章で立ち入って紹介するが、一三九七年をもって〈メディチ銀行創業〉の年とするのが定説となっている。この定説には、しかし、付言しておかねばならない点が二つある。なるほどこの年、事業の体制が一新されたのはたしかである。けれども事業それ自体は十四世紀半ば頃には本格的に始められていた。それがひとつである。もうひとつは、メディチは金融だけでなく、いくつもの事業を幅広く手がけたという点である。実際、メディチは多種多様な商品の交易を手がけ、さらに織物業も営んだ。銀行と呼ぶのは、それゆえ、誤解を招きかねない。

ペルッツィ (Peruzzi)、アッチャイウォーリ (Acciaiuoli) などいくつもの一族がもっと以前から、しかも、はるかに大きな規模で金融や交易の事業を営んでいたからである。[6] とはいえメディチが、時代の変化とそれがもたらした現世的な成功の機会をしっかりとつかみ取り、大きな富をなすにいたった事業家一族のひとつであること、それはまちがいない。

ここに時代の変化と述べたのは、十二世紀から十三世紀にかけて欧州の経済に生じた大きな変化を指している。三圃制というより合理的な農地利用の形態が普及する。用いられる道具、そして動力を確保し、伝達する仕組にもさまざまな改良と工夫が積み重ねられ、農耕、牧畜の生産は増大した。[7] その結果生じた余剰農産物の取引をはじめ、商業活動も活発に行われるようになり、それにともなって貨幣経済がひろく浸透していく。こうした変化がこの、十二世紀から十三世紀にかけて生じたとされるのである。十二世紀と十三世紀は、また、商業革命の世紀であったといわれることもある。実際、為替手形による決済制度や海上保険制度が考案され、交易、とくに遠隔地交易にまつわる危険の軽減に寄与した。複式簿記もこの時代に考案され、徐々に普及していったといわれる。事業のより合理的な管理がうながされたのである。

人口も増大し、商業活動や手工業の担い手が集まる場、都市も欧州の各地に形成されていった。そうした都市を中心に現世的な成功の機会がかつてないほど豊かに開かれた時代が到来したのである。やがて、欧州のさまざまの都市に、とりわけヴェネツィア、ジェノヴァ、シエナそしてフィレンツェなどの北イタリアの諸都市にその機会をわが手につかも

6　たとえばペルッツィは、十四世紀前半にはイタリア半島の諸都市だけでなくアヴィニヨン、ブリュージュ、パリなどに拠点を立ち上げ、交易と資金提供のネットワークをつくり上げていた。ハントとマレーが "super company" と呼ぶような事業体になっていたのである。Hunt and Murray (1999), pp. 105-116.

7　犂の改良、水車の数の増大とその回転運動を上下、あるいは左右の運動に変換する仕組の発見などが技術上の改良の代表的な例である。また、修道会、とくにシトー会の領地は、そうした改良、工夫の実践の場であったという。こうした点について筆者は、朝倉・内田 (2003) 第二章二節の考察に負っている。また、同書六一頁には、三圃制がそれ以前の土地利用形態にくらべてどのように優れていたかについて、明解な説明が与えられている。

うとする事業家があらわれる。毛織物の工房を立ち上げ、羊毛の調達と出来上がった織物の販売を手がける。くわえて、明礬《みょうばん》、錫などの鉱物資源から穀物や香辛料などの食料品や嗜好品、さらには家具やタペストリーなどの装飾品にいたるまで多種多様な商品の交易にたずさわる事業家が数多く出現したのである。かれらは、むろん、事業に必要な資金を提供して利を得ようとする銀行家でもあった。求められれば王侯貴族や聖職者に金を貸し、そこからも利を得た。

さて、このような時代の到来を教会はどのように受けとめたのだろうか。教皇や高位聖職者は、あるいはスコラ学の学僧や教会法学者は、さらには民衆にじかに接することの多かった司祭達は、到来した新たな時代をどのように受けとめ、そこに生きる人びとに、とりわけ事業家達に何を語りかけようとしたのだろうか。教令や著作物に託して、また民衆への説教のなかでかれらの語りかけた言葉は、そうした事業家達の生き様に踏み込み、どのような営為を牽制し、どのように事業にたずさわるよううながしたのだろうか。事業家達はまた、それにどのように応じたのだろうか。以下は、こうした問に向き合い、答を探ってみようとするこころみである。

ところで、このような問を立てるのはなぜか。それは、もろもろの苦難に耐え、ひたすら来世において永遠のやすらぎが授かるよう願いつつこの世の生を終えるのではなく、現世的な成功をつかみとって富を手に入れ、この世の生を、むしろ存分に生き抜いてみせようとする生き様にキリスト教はけっして寛容ではなかったからである。マタイの次のことばにあるように。[8]

だれも、二人の主人に仕えることはできない。一方を憎んで他方を愛するか、一方に親しんで他方を軽んじるか、どちらかである。あなたがたは、神と富とに仕えることはできない。(『マタイによる福音書』六：二四)

わけても、ひとに金品を貸し与え、貸し与えたもの以上の返還を、つまり利子の支払いをせまる行為をキリスト教はきびしく咎め、断罪した。だれかの事業に資金を投じ、その成功、不成功にかかわらず、したがって事業が首尾よく運ばなかったときにも利払いを求める行為もきびしく咎められた。そのような行為は金品を貸し与えて利子の支払いをせまることと何ら変わらないとみなされたからである。それは次章以降でくりかえし触れるとおりである。そうした教えが説かれ、教えに背く者には来世における永遠のやすらぎはけっして授けられないとされるなかで、さまざまの事業に資金を投じ、利を得ようとしたひとの胸中には不安とおそれが幾重にもひろがり、去来していたであろう。キリスト教の教えと掟が重くのしかかる時代だったのだから。

したがってこの現世的な成功の機会が豊かに開かれた時代に住まい、その機会をつかみ取ろうとした事業家達は、おのれのそうした行為がゆるされることを切実に願ったにちがいない。せめてきびしく罪を問われることのないよう、願ったにちがいない。その生き様

8　ほぼ同じことばが、『ルカによる福音書』一六：一三にも記されている。なお、本書において聖書からの引用はすべて『新共同訳』(日本聖書協会)によっている。

からすれば、信仰に背を向けつづけてきたといわれそうな生涯の晩年に、

> わたしはもうしばらく生きていたい。少しばかりいいことをするために。なにしろ悪いことはさんざんやってきたからな

とつぶやき、巡礼の旅に出た事業家フランチェスコ・ダーティーニ（一三三五〜一四一〇年）のように。[9] フランチェスコ・ダーティーニは十四世紀後半から十五世紀初頭にかけて商取引、とくに遠隔地交易を営み、大いに成功したフィレンツェ近郊、プラート出身の事業家である。また、ド・ルーヴァーによれば、金融や商取引を営んだ事業家のなかに、罪を問われることをおそれ、むさぼった金品を返還するよう命じる遺志を妻や子に残した者がいく人もいたという。[10]

　もちろん、教会にも事業家達にきびしく接し、断罪するだけでは済まない事情があった。後述するように教皇庁や多くの高位聖職者は、そして修道院は多額の金を事業家達に託し、その有利な運用を求めた。聖職者達はまた、事業家達に金銭的な支援と便宜の提供を求めることもあった。かれらの営為を断罪しつづけることで事業家達が萎縮し、事業から退いてしまうなら、教会も窮地に追い込まれるにちがいない。つまり、キリスト教の教えと掟に照らしてみるとき容認できない行為はきびしく咎めながら、同時に、しかし、現世的な成功をつかみ取ろうとする事業家達の生き様を肯定的につつみこむ必要に教会もせまられ

9　Origo (1957)、篠田訳、四〇一〜四〇五頁。この書物において著者イリス・オリーゴはダーティーニの書簡をはじめとする膨大な数の文書史料を掘り起こし、その生き様を見事に活写している。

10　de Roover (1963), pp. 12-13.

ていたのである。

それゆえ以下は、このような事情をかかえた教会が事業家達のおそれと切実な願いにどのように応えようとしたかという問への答を、当時のスコラ学の学僧や教会法学者達が説いたところのなかに、また、説教をとおして聖職者達が民衆に語りかけた言葉のなかに読み取ってみようとするこころみだと言い換えてもよい。

そして、かれらが説き、語りかけた言葉が事業家達にどのように受けとめられ、どのような振舞いを引き出したか、それも浮かび上がらせてみたい。とりわけ、コジモ・デ・メディチについて。コジモは、すでに述べたように、また、後述するように人びとの前に到来した新しい時代をその生き様のなかにみごとに体現してみせたひと、すくなくとも十五世紀のフィレンツェにあっては、もっともみごとに体現してみせたひとであったとみられるからである。おそらく、欧州をひろく見渡してみても、これほどみごとに体現してみせたひとはそれほど多くはないにちがいない。

他方、スコラ学の学僧や教会法学者のなかではトマス・アクィナス（一二二五〜一二七四年）の説いたところに、そして、説教者として民衆に語りかけることに熱心であった聖職者のなかでは、シエナのベルナルディーヌス（一三八〇〜一四四四年）とフィレンツェのアントニーヌス（一三八九〜一四五九年）の言葉に耳を傾けたい。スコラ学のもっとも卓越した学僧であるトマスには、事業を立ち上げ、現世的な成功の機会をつかみ取ろうとした人びとに向かってなされたといってよい発言が数多くあり、しかもそれらは、後の論議に大きな影響をおよぼしたとみられる。

ベルナルディーヌスとアントニーヌスの聖職者としての足跡についてはすこし後に紹介するが、二人はともに商取引と金融が活発に営まれていた都市シエナとフィレンツェに生まれ、コジモと同時代を生きたひとである。つまり、数多くの事業家達の生き様を目の当たりにする機会のあった聖職者である。二人はまた、説教を通して人びとのこころに触れ、動かすことのできる聖職者であったと伝えられている。ベルナルディーヌスの力強い説教は民衆のこころをつかみ、その場は、数万の聴衆で埋めつくされることもあったという。一方、コジモとじかに接することも度々あったアントニーヌスは、事業家としてのコジモの生き様に理解を示しながら、しかし、きびしい言葉を投げかけ、突き放すこともあったとされる。[11]

11　たとえば、自身が関わったある係争中の出来事についてコジモは、その裁定を委ねられたアントニーヌスに、自分に不利な判断を下さないよう懇願した。アントニーヌスは、しかし、やましいところがなければだれの助けもいらないであろうと突き放したという。これは、後に何度も言及する十五世紀フィレンツェの書籍商、ヴェスパシアーノ・ダ・ビスティッチがアントニーヌスに寄せて書き遺した評伝に紹介されている逸話である。Vespasiano da Bisticci, *Le Vite* vol. I, p. 229.

第一章　ウスラをむさぼる者を待ち受けているのは

一　永遠の死を招く大罪

だれかに金を貸し与えたひとが、返済時に元金にくわえて借り手に支払うよう求めるもの、つまり利子はウスラ（*usura*）と呼ばれた。すくなくとも中世後期からルネサンス期においてはそうであった。貸し与えたのが金ではなく何かの品物、たとえばパンやオリーブ油であってもよい。用立てたのと同等のものにくわえてどれだけかのパンやオリーブ油が要求されるなら、その分も同様にウスラと呼ばれたのである。ただし、次章で詳述するように金品を貸与したことで貸し手がこうむった損害にたいする補償（*interesse*）は、ウスラとはみなされない。返済が滞ったことによって貸し手がこうむった損害への補償、あるいは、金品を貸し与えることで貸し手がそれを消費し、あるいは使用して効益を享受する機会を犠牲にしたことへの補償は、元金の返済とは別に求めることが容認されたのである。ウスラは、つまり、そうした補償をするもっともな事由がないにもかかわらず、貸し与えられた金品を超えて借り手に要求されるもの、もしくは金ということになる。[1]

なおこのように、金品が貸し与えられているあいだに起こりうる不測の事態、たとえば返済の遅滞によってこうむった損害について別途、補償を請求しうるということは、金品の貸与にまつわる危険を貸し手が回避できるということにほかならない。借り手が返済で

1　ヌーナンやド・ルーヴァーが指摘するように*interesse*は、今日、利子と解される英語interestが由来する言葉であるが、*usura*と混同されてはならない。すくなくとも中世後期からルネサンス期においては補償を意味する語として用いられたのである。Noonan（1957）, pp. 105-107, de Roover（1967）, pp. 27-28.

きなくなるという事態にそなえて、貸し手が形をとるという場合も同じである。それゆえ、以後もくりかえして指摘するように、種々の危険を回避できるような仕方で金品が貸与されているにもかかわらず、なお貸し手が借り手に求める利払い、それがウスラであるといってもよい。

さて、ウスラをむさぼる行為、わけても隣人や同胞に金品を貸し与え、貸し与えたもの以上の返済をせまる行為は、キリスト教にあっては永遠の死を招く大罪（*peccatum mortale*）を犯す行為であるとして厳しく断罪された。傲慢（*superbia*）や妬み（*invidia*）、色欲（*luxuria*）など、ひとのこころの奥底に巣くい、大罪へと駆り立てるという七つの情動のひとつ、貪欲（*avaritia*）がなさしめる罪深い行為だとされたのである。真摯で痛切な悔悛、そしてつぐないがなされないかぎり、死後は劫罰の場、地獄に堕ちるのをまぬがれることはできない。後に本書の末尾で触れる死後世界の第三の場、煉獄に留め置かれ、どれだけかの歳月、〈浄罪の火〉によって罰せられることで浄められるような小罪（*peccatum veniale*）ではない。地獄のどこかで果てしなく責苦にさいなまれる、そのような大罪とされたのである。

なぜ、それほどまでに重い罪にあたるとされたのか。

トマス・アクィナスは『神学大全II—二』第一一八問題「貪欲について」の第一項「貪欲は罪であるか」の応答において、貪欲とはもろもろの財貨にたいする「節度なき所有愛」（*immoderatus amor habendi*）であると述べ、さらに第四項、「貪欲は常に大罪であるか」という問いに答えて、

> 富にたいする〔節度のない〕愛のゆえに……神と隣人への愛に背いて行為することを怖れないならば、その場合には貪欲は大罪であろう

と説いている。(2) 貪欲という情動に駆り立てられるままに止めどなくウスラをむさぼるとすれば、それは、キリスト教がもっとも大切なこととしてひとに求める神と隣人への愛に背く行為であり、そのことのゆえに、大罪のひとつにあたる、そう説かれているといってよいであろう。

では、それに背いてはならないとされている神と隣人への愛とは、とくに隣人への愛とは、どのような愛でなければならないか。

このことについてはいく人もの使徒達がそれぞれの受けとめ方を書きのこしているが、そのひとり、ヨハネは次のように語っている。

> イエスは、わたしたちのために、命を捨ててくださいました。だから、わたしたちも兄弟のために命を捨てるべきです。世の富を持ちながら、兄弟が必要な物に事欠くのを見て同情しない者があれば、どうして神の愛がそのような者の内にとどまるでしょう。
> （『ヨハネの手紙一』三：一六～一七）

2 Aquinas, *Summa theologiae* 41, O'Brien ed. and trans., pp. 242-243, 258-259.（『神学大全　第二〇冊』、稲垣訳、二四九、二五九頁、〔 〕内、筆者。以下同様）

「神を愛している」と言いながら兄弟を憎む者がいれば、それは偽り者です。目に見える兄弟を愛さない者は、目に見えない神を愛することはできません。（『ヨハネの手紙一』四：二〇）

このように語るヨハネにしたがっていえば、わたし達に求められる隣人や同胞への愛とは、あるいは兄弟への愛とは、神に対してそうするように己のすべてをささげ、命をも差し出すような愛でなければならない。もし貧しく、日々の糧にも事欠いている隣人や兄弟をみて、かれらに金品を貸し与えようとするなら、それは、一切、物惜しみせず、何の見返りも期待しない行為、まさしく愛の行為としてなされねばならないと語られているのである。

　むろん、このように隣人や同胞を、あるいは兄弟を愛することはわたし達にはとてもむずかしい。わたし達は必ずしも、ヨハネの説くような愛にみちているわけではないから。そのようなひとの世のあり様を受け容れざるをえないとすれば、金品を貸し与えてウスラをもらいうけようとする行為についてどのように説き聞かせるか、後の世の聖職者達は、また、スコラ学の学僧や教会法学者達は、大いに悩むことになる。それは次章にみるとおりである。

　ともあれ、隣人や同胞から、とくに貧しい隣人や同胞から、日々の糧や金を用立ててほしいと請われたなら、無償で貸し与えること、それがキリスト教の教えにかなう行為だとされた。そして、そのようにうながすことばが聖書にはいくつも記されている。[3]

3　ル・ゴッフが指摘するように聖書には以下のほかにも同様に説くことばが記されている。たとえば旧約聖書『出エジプト記』二二：二五はそのひとつである。なお、このことも含めて、本章の記述はル・ゴッフ（1986）に多くを負っている。

もし同胞が貧しく、自分で生計を立てることができないときは、……その人を助け、共に生活できるようにしなさい。……あなたの神を畏れ同胞があなたと共に生きられるようにしなさい。その人に金や食糧を貸す場合、利子や利息を取ってはならない。
（『レビ記』二五：三五～三七）

主よ、どのような人が、あなたの幕屋に宿り
聖なる山に住むことができるのでしょうか。
それは完全な道を歩き、正しいことを行う人。
……
金を貸しても利息を取らず
賄賂を受けても無実の人を陥れたりしない人。（『詩篇』一五：一～五）

返してもらうことを当てにして貸したところで、どんな恵みがあろうか。罪人《つみびと》さえ、同じものを返してもらおうとして、罪人に貸すのである。しかし、あなたがたは……何も当てにしないで貸しなさい。そうすればたくさんの報いがあり、いと高き方の子となる。（『ルカによる福音書』六：三四～五）

なお、ル・ゴッフによれば、『レビ記』の一節に記されているのはユダヤ共同体において人びとに課された禁制のひとつであるが、それがキリスト教徒にも継承され、尊重されたことは、かれらにも「〈貧しい者〉が特別の権利をもつ一種の兄弟結社（*fraternitas*）の成員であるという自覚があった」ことを示すものといってよいという。[4] 事実、新約聖書においても「神の御心を行う人こそ」が、つまり貧しい隣人を愛する人こそが兄弟であると語られている。[5]『ルカによる福音書』の一節も、それゆえ、人びとに兄弟であるという自覚をもって振る舞うよう求めているといってよいであろう。

そして、この「〈貧しい者〉が特別の権利をもつ兄弟結社の成員」としてのひととひとの結ばれ方は、あるいは、貧しい隣人や同胞の苦しみをともに分かち合うよううながす兄弟結社の成員としてのひととひとの結ばれ方は、金品の貸与だけでなく共同して事業に関わる当事者間にあっても保たれねばならないと説かれつづけた。後に言及するように、中世後期からルネサンス期にかけて、数多くの聖職者が、また、スコラ学の学僧や教会法学者がそのように語り、説いているのである。

4　ル・ゴッフ（1986）、渡辺訳、一六～一七頁。

5　『マルコによる福音書』三：三五。

二　時間を盗む者

　ところで、十二世紀後半から十三世紀初頭にパリ大学に神学を学び、かつ講じた学僧チョバムのトマス（一一五八または六八～一二三五年）には、『聴罪司祭の大全』（*Summa confessorum*）という著作がある。ここで聴罪司祭とは、人びとから罪の告解を受けたとき、その重さを伝え、罪をつぐなうには何をなさねばならないか、教えさとすことをつとめとした司祭をいう。『聴罪司祭の大全』は、また、そうした司祭が人びとに接するときの手引書である。『聴罪司祭の大全』は、それゆえ、この時代にもろもろの罪がどのように受けとめられていたかを知る貴重な史料のひとつとされている。なお、一二一五年、第四ラテラノ公会議で採択された教令によって、すべてのキリスト教徒はすくなくとも年に一度、犯した罪を告解することが義務づけられた。そして、これを怠る者は生涯、教会に立ち入ることを禁じられ、死亡時にはキリスト教徒として埋葬されることを拒まれることになった。[6] チョバムのトマスがこの『聴罪司祭の大全』を書き上げたのは、その翌年のことであるという。

　ここで公会議（*concilium generale*）とは、教義や教会の規律をめぐる懸案事項について意見の不一致を埋め、共通の理解を得るために開かれる会議、すなわち教会会議（*synod*）のうち、教皇が呼びかけ、ひろくキリスト教世界全体から枢機卿や各地の大司教、大修道院の

6　Tanner (1990), p. 245.

院長等、主だった聖職者が参集する会議をいう。また、全世界のキリスト教徒はそこで採択された教令を受け容れ、従わねばならないとされる。さまざまの場所で開かれた数多くの教会会議のなかで、公会議はこの意味で特別の重みをもつものとされているといってよい。三二五年、小アジア半島のニカイアで開かれた教会会議から、一九六二〜一九六五年にヴァティカンで開催されたそれまで、今日、二一の教会会議だけが公会議として認められているという。[7] いずれ触れるフィレンツェの教会会議（一四三九年）、その開催にコジモ・デ・メディチが献身した教会会議もそのひとつに数えられている。

さて、その『聴罪司祭の大全』に記されている以下の言葉にあるように、ウスラをむさぼる者（高利貸し）は、また、盗みを働く者、とくに、時間を盗む者であるとされた。[8]

> 高利貸しは債務者に自分の持ち物は何ひとつ売らず、ただ神の持ち物、時間を売る。ひとの物を売るのだから、そこからいかなる利も得てはならない。
> 高利貸しはまったく労することとなく、眠っている間にさえ、利益を上げようとする。それは、額に汗して、なんじは糧を得ん（『創世記』三：一九）と仰せになった主の掟に背くことである。

ウスラをむさぼる者は額に汗し、手にまめをつくって日々の糧を得ているわけではない。かれらは、ただ、時間に利を産ませているだけだ。しかもその時間は神のもの。かれ

7　公会議はまた、普遍公会議（ecumenical council）と呼ばれることもある。理念的には全世界のキリスト教徒が包摂されるという意味をこめてのことであろう。なお、教皇ではなく、ある管区ないし教区の大司教、あるいは司教が主催する協議も数多く開かれた。公会議と区別するため、管区ないし教区教会議と呼ばれ、そこでの合意事項の拘束力がおよぶのは、公会議の教令と異なり、ある地域、あるいは一定の期間だけとされる。なお、これらの点について筆者は、ホセ・ヨンパルト（1997）、フーベルト・イエディン（1986）、ノーマン・P・タナー（2003）に負っている。

8　筆者は未見であり、引用は、ル・ゴッフ（1986）、渡辺訳、四五、四八頁によっている。なお、チョバムのトマスは、ロンドン近郊のサリーに生まれたとされるが、その生年は定かでない。

らは、それゆえ、自分のものではないものを、それも、こともあろうに神のものを盗んで売り、利を得ようとする輩だ。ウスラをむさぼる者は貪欲という情動に駆られて隣人や同胞への愛をないがしろにしているだけでなく、盗みも働いている、そう、みなされたのである。ル・ゴッフの言葉を借りていえば、原罪を負ったわたし達は、そのつぐないにさまざまの苦役にたえねばならない。ウスラをむさぼる者はそうした苦役の現場、つぐないの現場からの「脱走者」だ、そうみなされたといってもよい。[9]

趣旨を同じくする発言は、本書の「はじめに」において触れたフィレンツェのアントニーヌスにもある。アントニーヌスもまた、その著書の一節でこのことを述べ、ウスラをむさぼる者に己の罪の深さに思いをいたすよう説いているのである。[10]

> ……ウスラは……昼夜の別なく、また、教会の祝日や祭日においても、さらに眠っている間も目覚めているときも、けっして止むことなく貧しいひとの骨をくだき、むしばむ。

アントニオ・ピエロッツィ（Antonio Pierozzi）、すなわちアントニーヌスがフィレンツェに生を享けたのはコジモ・デ・メディチと同じ一三八九年。生まれつき小柄であったのでアントニーノ（Antonino）と、つまり、小さなアントニオと呼ばれることが多かったという。[11] けっして丈夫ではなく、むしろひ弱な方であったといわれるが、聖職者として生

9 ル・ゴッフ（1986）、渡辺訳、四九頁。

10 これは、アントニーヌスの著書のひとつ『神学と道徳の大全』（*Summa theologica moralis*）の一節であるが、筆者は未見であり、引用はNoonan（1957）, p. 78によっている。

11 ただし、手紙や必要な文書にはつねに、Fra Antonio と署名したという。de Roover（1967）, p. 5.

き、一四五九年、神と民衆に捧げられた七十年の生涯を閉じている。なお、このひとに触れた文献、史料においては、アントニオ、もしくはアントニーノではなくアントニーヌス（*Antoninus*）というラテン語の呼び名がひろく用いられており、本書もそれにならうことにする。

アントニーヌスの聖職者としての経歴は、一四〇五年、イタリア中部の都市コルトナのドミニコ会原始会則派の修道院で修練士となったことから始まる。十六歳のおりである。やがて、コルトナで、またナポリやローマなどで修道士としてのつとめを果たすかたわら、修道会の規律の引き締めにもかかわり、寄与するところ大であったという。こうしたことがあってか、アントニーヌスは次第に重い役割を担うよう求められるようにもなる。事実、一四二〇年にはコルトナの修道士の総代に、また一四三七年にはイタリア中部、南部のドミニコ会の総長代行に指名されている。さらに一四三九年には、フィレンツェに創建されたサン・マルコ修道院、後の章で何度も触れる修道院の初代院長になっている。(12) そして一四四六年、教皇エウゲニウス四世（在位一四三一～一四四七）によってフィレンツェ大司教に任じられた。フィレンツェのすべての教会と聖職者を監督し、裁治する役割を担うことになったのである。

アントニーヌスが、ただし、もっとも熱心にかかわったのは民衆への説教であり、それは、こうした重い役割を担うために繁忙となった日々においても休むことなくつづけられた。そのなかでアントニーヌスは富裕な人びとの華美と頽廃をきびしく咎め、困窮してい

12　後にこの修道院の院長となった聖職者のひとりに、サヴォナローラ（一四五二～一四九八年）がいる。贅沢と華美を腐敗、堕落として厳しく断罪し、フィレンツェの浄化を訴えたその説教は、十五世紀末、多くの民衆の共感を呼び、国の統治にも大きな影響力を持つにいたったとされる。けれどもローマ教皇、そしてフランチェスコ会との激しい反目と抗争のなかでその影響力は衰えていく。民衆からの支持も後退し、やがて非業の死を遂げた聖職者である。

る隣人、同胞とその富を分かち合うよう訴えつづけた。それも、後に触れるとおりである。また、若年の頃から教会法を学び、たしかな知見をもつにいたっていたといわれるアントニーヌスは著作にも励み、『神学と道徳の大全』（*Summa theologica moralis*）をはじめ、いくつかの書物をのこしている。

なお、教皇エウゲニウス四世がフィレンツェ大司教に任じようとしていることを伝え聞いたアントニーヌスは、人里離れた森にひそみ、それを逃れようとしたという。けれども教皇は、固辞しつづけるなら破門するとせまって受諾させたとされる。ことの真偽は定かでないが、アントニーヌスが大司教のきらびやかな法衣ではなく、質素な黒の長衣を身にまとったブラック・フライアーズ（black friars）のひとりとして、つまりドミニコ会の托鉢修道士のひとりとして生涯を神と民衆に捧げようとしたのはまちがいないとみられる。[13]

三　ゆるされることがあるとすれば

ところで、このように罪深い行為であるとしても、ウスラをむさぼった者がその罪をゆるされることは一切、かなわないのであろうか。どれほど悔い改めても、どのようなつぐないをしても、地獄に堕ちるのをまぬがれることはできないのだろうか。

13　アントニーヌスの生涯について以上に述べたことは、主として de Roover (1967), p. 5 によっている。なお、森に隠れひそんでフィレンツェ大司教に任じられるのを逃れようとしたという逸話、そして教皇が破門するとせまったという逸話は、先にも註記した十五世紀フィレンツェの書籍商、ヴェスパシアーノ・ダ・ビスティッチがアントニーヌスに寄せた評伝に記されている。Vespasiano da Bisticci, *Le Vite* vol. I, pp. 225-227.

再びチョバムのトマスの『聴罪司祭の大全』にしがっていえば、真摯な悔悛がなされた場合、ゆるされることもありえないではないと説かれたようである。そして、その真摯な悔悛とは、己の罪を悔い、そしてむさぼったウスラをむさぼられた相手に返すこと、それにつきるとされた。[14]

> 教会法は、盗まれたものが返済されないかぎり、罪がゆるされることはけっしてないと定めているのであるから、高利貸しは、高利によって強奪したものをすべて返済しないかぎり、真摯な悔悛者と見なしえないことは明白である。

文中の教会法とは、すこし前に触れた各公会議で採択された教令、そして歴代の教皇が発したおびただしい数の教皇教令（*decretum*）の集成をいう。その集成の作業はまず、ボローニアの法学者でベネディクト会の修道士でもあったグラティアヌスによって始められた。一一四〇年頃にまとめ上げられたといわれる『グラティアヌス教令集』（*Decretum Gratiani*）はその成果であり、後の集成の基礎をなしたとされる。[15] 事実、以後の集成の作業はこの『グラティアヌス教令集』に註解をほどこすという形で行われた。たとえば、教皇グレゴリウス九世（在位一二二七〜一二四一年）は、自身の教令の編纂者であり、教会法学者でもあったペニャフォルテのライムンドゥス（一一八〇〜一二七五年）に命じて註解と集成をこころみさせている。ボニファティウス八世（在位一二九五〜一三〇三年）、クレメンス五世（在位一三〇五

14　引用は、ル・ゴッフ（1986）、渡辺訳、四九頁によっている。

15　この『教令集』はグラティアヌスがそれに与えた表題から、『調和していないカノネスの調和』（*Concordantia discordantium canonum*）とも呼ばれる。

〜一三一四）のおりにも同様のこころみがつづけられ、やがて十六世紀初頭に『教会法大全』（*Corpus juris canonici*）として法典化された。なお、すべてのキリスト教徒が受け容れるべき教義解釈とすべての聖職者が服すべき規律を定める教会法は、あらゆる人定法の上位にある規範であり、したがって人定法が教会法と相容れない規定をもつことはできないとされた。すくなくとも中世後期からルネサンス期においてはそのように受けとめられていたといってよい。

さて、このチョバムのトマスの理解、あるいはそこに言及されている教会法の理解は、また、スコラ学においても共有されていたとみられる。というのも、たとえば、『神学大全II―二』第六二問題「返済について」の第二項、「取り去られたものの返済が為されることは救いのために必要であるか」という問への答のなかに、トマス・アクィナスの以下のような発言が見出されるからである。[16]

> 返済は交換正義の行為であって……不正に取り去られたところのものを返却することを意味する。……正義を保全することは救いに必要なことであるから、不正に誰かから取り去ったものを返済することは救いのために必要である。

なお、〈忌むべき利得〉（*turpe lucrum*）、つまりウスラではないかのように装われているが、その実、ウスラとかわらない利得をむさぼった者に対しても同様に説かれた。いずれ立ち

16　Aquinas, *Summa theologiae* 37, Gilby ed. and trans. pp. 106-107.（『神学大全　第一八冊』、稲垣訳、一一七頁）

入って触れるように、中世後期からルネサンス期、そうした偽装がさまざまに行われたからであろう。畑や家畜を借金の形に差し出させ、それらが産み出したものをわがものにするという貸し手の行為はその一例である。また、ベッカーによって紹介された実例にもあるように、むさぼったウスラを、あるいは〈忌むべき利得〉を返済するよう求められるのは、金を貸した当人——多くは街中の高利貸し、もしくは質屋であった——だけとはかぎらない。かれらに資金を提供し、なにほどか分け前にあずかったひとがいるなら、その人物も同様の責めを負わされることがあったようである。[17] 高利貸しや質屋から財産を相続し、安逸に暮らしている妻や息子達がいるなら、かれらについても同じである。

四　キリスト教徒としての埋葬の拒否

聴罪司祭によって民衆に語りかけられ、また、トマス・アクィナスによって説かれたところは、いくつもの公会議において教令として採択され、教会法にもとりこまれた。

まず、第二ラテラノ公会議（一一三九年）は、ウスラをむさぼる者の血も涙もない強欲を卑しむべき（*detestabilem*）こととして非難した。[18] つづく第三ラテラノ公会議（一一七九年）は、公然とウスラをむさぼる者（*usurarii manifesti*）には三つの罰が科されねばならないとする教令

17　ベッカーはその論文 Becker（1957）において、十四世紀のフィレンツェでウスラの返済をめぐって争われた三つの事例を紹介しているが、そのひとつでは、質屋に資金を提供した者も返済の義務を負うか否かが争われた。ただし、どのように決着したか、定かではないようである。なお、こうした訴訟は教会の裁きに委ねられるとはかぎらず、すくなくともフィレンツェにあっては、共和国を統治する統領《プリオーレ》（*priore*）によって権限を付与された行政官、それも財政担当の行政官の判断に託されることがあったという。

18　Tanner（1990）, p. 220.

を採択している。

第一に、聖体の祭儀（*Eucharistia*）に列して聖別されたパンとワインを拝領し、イエス・キリストと一体になること（*communionem*）を拒絶された。最後の晩餐において、「わたしの体」であり、「わたしの血」であるとしてイエス・キリストが弟子達にパンとワインを与えたことに由来するキリスト教にとってもっとも重要な祭儀、そこに列することを禁じられたのである。

第二に、かれらからの寄進や施物は受け取りを拒まれることになった。

そして第三に、ウスラをむさぼりながら痛悔とつぐないをしないままに死んだ者は、つまり罪のままに死んだ者は、キリスト教徒としての埋葬を拒否されることとなった。[19] このことは、その死者の魂が来世において天国に救い上げられ、永遠のやすらぎを授かることはけっしてないということを意味している。いずれも信仰篤い人びとにとっては耐えがたい罰であったにちがいない。

さらに第二リヨン公会議（一二七四年）は、また、右の第三の罰を補うように、ウスラをむさぼった者が死に際に、一度はわがものとしたウスラをむさぼられた相手に返すようにと言い遺したとしても、それが相続人によって完全に履行されるまではキリスト教徒として埋葬されてはならないという教令を採択している。[20]

ただし、マクラフリンによれば、こうした教令が採択されたにもかかわらず、平信徒ばかりでなく、聖職者のなかにそれらに従おうとしない者がすくなくなかったという。ウス

19 Tanner (1990), p. 223. なお、マクラフリンによれば、教皇インノケンティウス三世（在位一一九八～一二一六年）は、ウスラをむさぼる者すべてにこれらの罰が科されることに懸念を示し、とくに悪行のいちじるしい者を選んで罰するようある司教にうながしたという。教会への寄進や施物がやせほそることを懸念したからである。McLaughlin (1940), p. 5.

20 Tanner (1990), p. 329.

ラをむさぼった高利貸しと知りながらキリスト教徒して埋葬することを黙認する者、また、寄進や施物としてかれらから金品を受け取る者がすくなからずいたとされるのである。[21] かれらから金品を受け取るのは、むさぼられたウスラの分け前にあずかることと変わらない。重い罰が、それも平信徒に対するより一層、重い罰が科されねばならないとされたのは当然であろう。事実、十二世紀から十三世紀にかけての教会法学者のなかでもっとも卓越した存在でであったとされるオスティアンシス（一一九〇～一二七一年）をはじめ、いく人もの教会法学者がそう主張したとされる。[22]

やがて、教会法学者の主張を具現するように、そうした聖職者は現在の教会職を解かれ、聖職禄も、つまり、その教会職に付属する所領がもたらすものや献納物を受領する権利も停止されることになったという。[23] にもかかわらず、十四世紀初頭に開かれたヴィエンナ公会議（一三一一～一三一二年）は、ウスラを取って金を貸しても、かならずしも罪を犯すことにはならないといってはばからない聖職者は破門され、あるいは異端として断罪されねばならないという教令を採択している。[24] 教会職の解任と聖職禄の停止という罰が科されることになったにもかかわらず、そのようにいってはばからない聖職者が後を絶たなかったのであろう。

21　McLaughlin (1940), p. 1.

22　なお、オスティアンシスはボローニアで学び、パリ大学で講じた教会法学者であるが、後にオスティアの司教に、さらに枢機卿に任じられており、それで、オスティアンシスと呼ばれるようになったとされる。また、『神曲』の邦訳者によれば、天国篇第十二歌に「オスティアの男」として登場する人物がオスティアンシスであるという。ただしダンテの眼には、教会法学者とは、世の人びとを「世俗の富の追求に汲々たる有様」へと駆り立てるうとましい連中と映っていたようである。ダンテ『神曲』、平川訳、四九二、四九四頁。

23　McLaughlin (1940), p. 2.

24　Tanner (1990), p. 384.

五　地獄、その第七の圏谷《けんこく》

さて、その罪をきびしく咎め、ゆるしを乞うならむさぼりとったウスラを返すようにという説教を耳にしながら、なお、公然と高利貸しを営みつづけるような者が、わがふところに納めたものを易々と手放すはずがない。かれらの多くは、手に入れた金に執着しながら、同時に、死後、天国で永遠の命をさずかるよう願ったことであろう。中世の高利貸しについての著書にル・ゴッフが選んだ標題にあるように、金も命も、それも、永遠の命もと乞いもとめたにちがいない。[25] けれども、真摯な悔悛とつぐないを拒むかぎり、つまり、むさぼったものの返済を拒むかぎり、かれらを待ち受けているのは劫罰の場以外にない。

その劫罰の場におけるかれらの様子はむろん、わたし達にはわからない。ただし、ダンテの物語るところによってみれば、師と仰ぐウェルギリウスに伴われて遍歴した地獄、その第七の圏谷につぎのような様子でいるということになる。[26]

苦悩は目から（涙となって）あふれ、
　両手はせわしくあちらこちらを
あるいは火の粉をはたき、あるいは焦土を引っ掻いている

25　ル・ゴッフ（1986）。

26　ダンテ『神曲』地獄篇、第十七歌、平川訳、一一六～一一八頁。（　）内、訳者。高利貸しはまた、地獄篇、第十一歌においても「心で神を蔑《ないがし》ろにし口で神を瀆《けが》す者」と非難されている。同書、平川訳、八二頁。

……
降り注ぐ苦患《くげん》の焔に火傷した人びとの顔を
　幾人か覗きこんでみたが
　誰も見覚えはなかった。だが気がついてみると
誰も彼も首から財嚢《ざいのう》をぶらさげている。
　それにはとりどりの色や印がついているが、
　皆その財嚢ばかり見つめている様子だ。
私はあたりを見まわしつつその中へはいった。
……
すると白地に紺の太った牝豚模様の
　財嚢を握った男が私にいった、

「おまえ、この谷で何をしている？
さっさと消えて失せろ。まだ生きているらしいから
　いっておくが、俺と同郷のヴィタリアーノは
　ここでも俺（より下座）の左手に座るはずだ。
こうしたフィレンツェ人の中でおれはパードヴァの出だ。
　奴らが何度も『騎士中の騎士よ、

三匹の山羊《ペッキ》の印がついた銭入れを持って来い』
と喧《やかま》しく喚《わめ》くから俺は耳が潰れてしまいそうだ」
こういって口をゆがめると、べろりと
まるで牛が鼻を舐めるように舌なめずりをした。

なお、文中でヴィタリアーノと呼ばれているのは、金貸しを生業としながら、しかし、フィレンツェで一三〇七年、市政の長官——後述するようにゴンファロニエーレ・デッラ・ジュスティツィア（*Gonfaloniere della giustizia*）、つまり正義の旗手と呼ばれた——に指名されたこともある人物、ヴィタリアーノ・デル・デンテを指しているとされる。[27] また、『神曲』邦訳版の訳者註によると財嚢に描かれている紋様からダンテと同時代の読者なら、「降り注ぐ苦患の焔」にさいなまれている人物がだれであるか、見当をつけられたであろうという。[28]

27 これは、ル・ゴッフ『中世の高利貸——金も命も』の邦訳者の指摘によっている。ル・ゴッフ（1986）、渡辺訳、訳者註三一、一三八頁。

28 ダンテ『神曲』、平川訳、一二〇〜一二二頁。

第二章　宥恕されうる利得、されえない利得

一　消費貸借、使用貸借、ソキエタス

先に「はじめに」においても述べたように、十二〜十三世紀欧州の経済活動に生じたさまざまの変化は、人びとの前に現世的な成功をつかみとる機会をかつてないほどに豊かに開いた。キリスト教の教えと掟が人びとの生き様に重くのしかかるなかで、わけても、金銭的な利得に執着することがきびしく咎められるなかで、ひとは、その豊かに開かれた現世的な成功の機会をわが手につかもうとしたのである。それゆえ、そうした人びとにとって欧州の十二〜十三世紀とは、神との関係に新たな折り合いがつけられることを、あるいは新たな調停が行われることを待ち望む、そのような時代であったということもできようか。

こうした時代の変化と人びとの待望に応えるように、ひとのなすさまざまの行為について、次のような吟味がこころみられていく。十三世紀から十五世紀にかけていく人もの聖職者やスコラ学の学僧によって、また、教会法学者によってつづけられたこころみである。

すなわち、ひとのなしたある行為をキリスト教の教えに照らしてみるとき、罪に当たる部分がないとはいえないとしても、その罪は問わず、宥恕するのがむしろ適当であると判断され、それゆえ、ひとの定める法、つまり人定法の下では適法な行為として、もしくは

不法ではない行為として容認されてよい場合がないかどうか、それが吟味されたのである。罪に当たる部分のあることを否定できない行為がことごとく厳格に禁じられると、かえってひとは、一層、重い罪へとはしり、世に保たれるべき秩序が乱されるかもしれない。[1] あるいは、多くのひとの暮らしに欠かせない品々がもたらされなくなるかもしれない。すこし後にも指摘するように、ひとは完徳ではありえないし、そうあるべきほどには隣人や同胞への愛にみちているわけでもないからである。そうしたひとの世の有り様を直視するとき、その罪は、むしろ宥恕し、人定法の下で容認することが適当であるとみなされる行為を、それでもなお宥恕することのできない行為から選り分けるこころみがつづけられた、そういってもよい。とりわけ金品の貸与、そして事業への出資という行為をめぐって。

次節以降、このこころみが導いたものに立ち入りたいが、その前に、人定法、とくにローマ法の下で適法とされた種々の契約のうち、以下の考察に深くかかわる三つのものに触れておきたい。目的物の所有権が当事者のどちらに帰属するかについての区別、そして無償であるかそれとも有償でありうるかという区別に由来する契約の類型であるが、スコラ学の学僧や教会法学者による右のような選り分けのこころみにおいても大方、継承され、前提されていたとみられるからである。[2]

なお、スコラ学の学僧や教会法学者が人定法（*lex humana*）というとき、それは、神の意思についてひとが熟慮を重ねれば理解され、同意されるであろうもっとも高次の規範、つまり自然法（*ius naturale*）対して、人びとが、あるいは国家がその権能を行使して定める法

1　後に立ち入って触れるように、これは、節度ある程度のものであれば、金品を貸し与え、ウスラをもらい受けようとする行為は宥恕されてよいといわれるとき、援用された配慮である。マクラフリンによれば、ユスティニアーヌス一世の頃（六世紀）、すでにこうした配慮がなされることがあったという。McLaughlin (1939), p. 85.

2　ただし、筆者にはこうした事柄に触れた文献、史料、とりわけこの時代の教会法学者の著作に接する機会を得ることができなかった。そのため、以下の説明はそうした著作が幅広く参照されている先行研究、とくにマクラフリン、ヌーナン、ド・ルーヴァー、ワトソン、ウッドの研究に多くを負っていることを明記しておきたい。McLaughlin (1939), (1940), Noonan (1957), De Roover (1963), (1967), ワトソン (1991), Wood (2002).

令や準則をいう。なかでも、紀元前八世紀なかごろの建国以来、ローマ帝国で定められた法令や準則の総体、すなわちローマ法を指しているとみてよい。[3]

そのローマ帝国で定められたおびただしい数の準則ないし法令は、六世紀前半（五二八～五三四年）に東ローマ帝国皇帝ユスティニアーヌス一世（四八三～五六五年）の命を受けたトリボニアーヌスをはじめとする法学者の手で四つの法典に編纂され、『ローマ法大全』（*Corpus juris civilis*）として集成された。この大全は、また、二世紀前半のハドリアーヌス帝以降、ユスティニアーヌス一世が編纂を命じたときまでの勅法を網羅した『勅法彙纂』（*Codex repetitae praelectionis*）、法学者、とくにガーイウスやウルピアーヌス等、帝政初期の法学者の所説を集めた『学説彙纂』（*Digesta*）、法の勉強を志す学生のためのテキストとして編纂された『法学提要』（*Institutiones*）、そして、右記『勅法彙纂』完成後にユスティニアーヌス一世によって発令された勅法の集成『新勅法』（*Novellae*）からなる。なかでは、『学説彙纂』がとくに重要で、十一世紀から十三世紀にかけてイルネリウスやアッゾ（アーゾとも）をはじめとするボローニアの法学者達によって註解と体系化が施され、ながく、大陸法、とりわけその私法の法源でありつづけたとされる。[4]

そして、前もって触れておきたい契約の類型というのは、消費貸借、使用貸借、ソキエタスと呼ばれた三つである。[5]なお、これらにくわえ、寄託（*depositum*）と呼ばれた契約の類型にも触れねばならないが、説明の都合上、後の章で取り上げることにする。

3　自然法は、アリストテレスが説いた自然の概念に拠りながら、また、トマス・アクィナスが法に立てた区別に拠りながら、きわめて多義的に解釈されてきた。上記の解釈、つまり、ひとの理性が熟慮を重ねてこころに刻んだ神の意思であるとする解釈はそのひとつとして認知されていると筆者は考えている。なお、トマスが法に立てた区別は、『神学大全II—一』第九〇問題、第九一問題に述べられている。Aquinas, *Summa theologiae* 28, Gilby ed. and trans.（『神学大全第一三冊』、稲垣訳）

4　『ローマ法大全』が集成されるまでの経緯については、ワトソン（1991）、瀧澤・樺島訳、一〇二～一〇三頁により詳しい説明がある。なお、当初（五二九年）、編纂された『勅法彙纂』（*Codex constitutionum* もしくは *Codex Justinianus*）は現存しておらず、その後に発令された勅法もくわえて五三四年に

消費貸借（*mutuum*） 金品の貸借にかかわるもので、貸与された金品を借り手は消費し、後に同じだけの同種のものを返還する契約。つまり、目的物となるのは、その使用によって消費しつくされるものであり、したがって、その所有権は貸し手から借り手に移り、減価や損耗などの危険は借り手が負うことになるとされた。また、返還されねばならないのが同じだけの同種のものということは、この契約は無償でなければならないとされたことを意味する。この同じだけの同種のものという要件は、さらに、目的物となりうるのは穀物や油、そして貨幣のように定量可能なものだということも意味する。

隣人や同胞からさしあたり必要な金やオリーブ油、穀物などを切らしてしまったのでしばし、用立ててほしいと請われ、それに応じてなされる貸与、それが日常的に行われた消費貸借の例といってよい。なお、マクラフリンやヌーナンも指摘するように ***mutuum*** という語はもともと、「わたしのもの（*meum*）であったものが君のもの（*tuum*）になる」、あるいは「わたしは、わたしのものであったものを君に与える、そしてそれは君のものになる」という意味合いで用いられた言葉であり、それが、こうした貸借が ***mutuum*** と呼ばれるようになった所以であるとされる。(6)

使用貸借（*commodatum*） 貸し手は一定期間、借り手が目的物を占有し、使用すること

編纂しなおされた『勅法彙纂』が『学説彙纂』、『法学提要』、『新勅法』とともに『ローマ法大全』を形づくっているとされる。ワトソンの説明もそのようである。また同書一〇四～一一三頁には、『ローマ法大全』が欧州の各国において、さらに新大陸やアジアの諸国で継受された経緯が手際よく概観されている。

5 なお、ワトソンによれば契約概念は『ローマ法大全』が集成されるよりはるか前、紀元前五世紀前半に形をなしたともいわれる『十二表法』（*Lex duodecim tabularum*）に、すでに見出されるという。ワトソン（1991）、瀧澤・樺島訳、一五頁。

6 McLaughlin（1939）, p. 100, Noonan（1957）, p. 39.

を承諾し、期限がきたときにその返還を求めるという契約。ただし、目的物の所有権は借り手には移らず、したがってその減価や損耗の危険は貸し手が負うことになる。また、ワトソンによれば使用貸借は、ローマ法にあっては消費貸借と同様に無償の貸借だとされ、貸し手が貸し与えたものの返還にくわえて、そのものの使用料として何がしかの支払いを求める有償の貸借は賃貸借（*locatio*）という別種の契約として扱われたという[7]。けれども、後述するようにスコラ学や教会法にあっては目的物の所有権が貸し手に帰属しつづける以上、借り手によるその占有と使用に対価を求めることは不当ではないとされた。したがって、スコラ学および教会法において使用貸借は賃貸借も含むと解されていた、あるいは、使用貸借は有償でありうると解されていたとみられる。

7　ワトソン（1991）、瀧澤・樺島訳、七〇～七一頁。

例としてあげられるのは、田畑や家畜の貸与である。

ソキエタス（*societas*）　二人、またはそれ以上のひとがそれぞれの資金や用役を共通の目的のために、たとえば利益を求め、それを分かち合うために結合させる契約、それがローマ法、とくに『学説彙纂』にいうソキエタスである。当事者の一方が資金を投じ、他方が労役を提供して何らかの事業を営むというのが、その代表的なあり方だとされる。ただし、出資は双方が何らかの割合で行う場合もありうる。いずれにせよ、ロー

マ法の下では古くから適法とされてきた契約のひとつであるという。(8)
投じられた資金の所有権は、使用貸借の場合と同様にそれを提供した側、つまり出資者ないし投資者に帰属しつづけるとされる。したがって事業につきまとう危険のすくなくとも一部は、出資者ないし投資者によって負われねばならない。つまり、当事者の一方、とくに出資者ないし投資者が利益の分配にあずかるだけで、危険が現実のものとなったときに生じる損失を一切、負わないとすれば、そのようなソキエタスは、適法なものとはみなされないのである。この、利益だけでなく損失も分かち合わねばならないという要件は、また、「……ソキエタスは、兄弟的結合（*fraternitas*）をその根幹に含むものである」というローマ法の精神ないし理念を反映するものとされる。(9)

あるひとが資金を投じ、商人がそれを用いて何らかの商品の調達と販売を行うといった例を挙げることができる。もちろん、結合されるのは資金と用役にかぎらない。後に言及するように、ある商品を所有するひとが遠隔地との交易をなしうる商人と組み、前者の商品の輸送と販路の開拓を後者にゆだねるという形もありうるし、何らかの鉱物資源の鉱床が発見された土地の所有者が、他のだれかにその採掘と販売を委ねるというソキエタスもありうる。

ところで、エドラーによれば、中世後期からルネサンス期のイタリアの諸都市、とくにジェノヴァやピサのよう港湾都市においては、ひとつの事業、たとえば比較的短い期間

8　ワトソン（1991）、瀧澤・樺島訳、七一～七八頁。

9　Noonan（1957）, p. 134.

内に完了すると見込まれる商品の交易がパートナーシップを組んで営まれることがしばしば行われ、それはコンメンダ（*commenda*）と呼ばれたという。また、コンメンダのなかでも特定の海上輸送ないし航海に限定して組まれたパートナーシップはソキエタス・マリス（*societas maris*）と呼ばれることがあったとされる。他方、フィレンツェのような内陸の都市では、より長い期間、たとえば数年にわたって存続するという前提で組まれたパートナーシップの下で商取引やものの製造が営まれることが多く行われたという。コンパニーア（*compagnia*）と呼ばれるパートナーシップがそれである。このコンパニーアは、もともとはひとつの家族内で、つまり、父と息子、あるいは兄と弟によって組まれていたが、やがて、事業に貢献すると期待される人物を家族の外からパートナーとして招じ入れるようにもなったという。[10]

なお、オリーゴによれば、コンパニーアの両パートナーを指す言葉コンパーニョ（*compagno*）は、同じ（*com*）パン（*pagno*）を分け合って食べるひと達という意味をもつ語であり、そこには、コンパニーアが右記のようにもともと、ひとつの家族内で組まれたパートナーシップであったことが、それゆえ「相互の行動に無制限の責任を持つことを当然とみなす者」同士のパートナーシップであったことが反映されているとみてよかろうという。[11] ただし、いずれ触れるように、当事者の一方が負う責任を有限とするパートナーシップが組まれることもなかったわけではない。

このように、メディチもそのひとつであったような事業家が数多くあらわれた時代にイ

10 Edler, F.（1934）, p. 335.

11 Origo（1957）, p. 108.（篠田訳、一三三頁）

タリアの諸都市で組まれていたパートナーシップにはいくつかの形があり、それぞれに別個の呼称が用いられたようである。けれども、本書ではそれらを包括してソキエタスと呼ぶことにしたい。いずれも、利益を求め、分かち合うために二人、またはそれ以上の数の当事者が資金や商品と用役を結合させる契約であることに変わりはないからである。

二　ウスラをめぐるトマス・アクィナスの理解

トマス・アクィナスは、『神学大全II—二』第七八問題「利子の罪について」の第一項、「貸した金のゆえに利子を受けとることは罪であるか」という問への答のなかで、先の、三つの契約類型のひとつ、金品の消費貸借に触れ、そこであってはならないことについて、次のように述べている。[12]

> 貸した金のゆえに利子〔*usuram*〕を受け取ることは、それ自体において不正なことである。なぜなら、存在しないところのものが売られるからであり、それによって明白に、正義に反対・対立するところの、不均等が成立する〔からである〕。このことをあきらかにするためには、何らかの事物については、それの使用（*usus*）とは、当の事物その

12　Aquinas, *Summa theologiae* 38, Lefébure ed. and trans, pp. 234-237.（『神学大全　第一八冊』、稲垣訳、三八七〜三八八頁。（　）内、訳者、〔　〕内、筆者。以下、同様）

ものを消費（*consumptio*）することである、ということを知らねばならない。たとえば、われわれは酒を飲物として使用することによってそれを消費するのであり、また麦を食物として使用することによってそれを消費する。……このことのゆえに、こうしたものにおいては貸借によって所有権（*dominium*）も〔貸し手から借り手に〕移譲されるのである。それゆえに、もし誰かが酒と酒の使用を別々に売ろうと欲するならば、かれは同じものを二度売ることになろう――あるいは、存在しないものを売ることになろう。ここからして、明白に、正義に反する罪を犯すことになろう。同じ論拠によって、酒あるいは麦を貸した者が二つの返還を求めたならば――すなわち、ひとつにはひとしい物の返還、そしてもうひとつは使用の代金、つまり利子（*usura*）と呼ばれるもの〔を求めたならば〕――不正義の罪を犯すことになるのである。

酒や麦がそうであるように、それが使用されるとは、消費しつくされることにほかならないものが貸し与えられた場合、そのものの所有権は貸与とともに貸し手から借り手に移っている。したがって、同じだけの同種のものの返還とは別に貸し手がさらに多くの返還を、つまりウスラを求めるのは、すでに自分の手をはなれ、借り手の所有物となっているにものについて使用料を払うようせまるにひとしい。換言すれば、「存在しないところのもの」を売って「代金」を得ようとすることである。貸し手のそうした行為は、不正な返還ないし支払いを強いる行為であって、「不正義の罪」に問われねばならない、そうトマスは説いているのである。

トマスはまた、以下のようにつづけて貸し与えられたのが酒や麦ではなく金銭であるときにも同様にいえることを指摘し、さらに受け取った利子ないしウスラは返還されねばならないと述べている。[13]

> 金は主要的に交換をするために発明されたものであり、したがって、金の本来的かつ主要的な使用とは、それが交換において費消〔ないし支出〕される（*expenditur*）かぎりにおいて、それの消費……である。このことのゆえに、〔同額の返還とは別に〕貸した金の使用料として代金を受け取ること——それが利子と呼ばれるのであるが——は、それ自身として不当である。そして、人が他の不正に取得したものを返還するように義務づけられているごとく、利子として受け取った金についても同様である。

酒や麦と同じく、貸与された金が使用されるとは、交換において支出され、使いつくされるということであり、このことはまた、貸し手から借り手にその所有権は移譲されているということを意味する。したがって同額の返還とは別に貸し手がウスラを、すなわち元金を超える支払いを求めるのは、すでに自身の所有物ではなくなっているものについて使用料を払うよう迫ることに、あるいは「存在しないところのもの」を売って「代金」を得ようとすることにほかならない。この、不正に取得した「代金」を返還しないかぎり、貸

13 Aquinas, *Summa theologiae* 38, Lefébure ed. and trans, pp. 234-237.（『神学大全　第一八冊』、稲垣訳、三八九頁）

し手は罪を問われることをまぬがれえないとトマスは述べているのである。[14]

こうしてトマスが説いたところは、消費貸借は無償でなければならないとするローマ法の契約概念と斉合するものといってよい。同時に、そこには、貨幣をめぐってアリストテレスの説いたところの影響も色濃く認められるといわれることがある。貨幣は交換のためにつくり出されたものであり、そのような貨幣に利を産ませようとするのは、本来的な目的を逸脱した行為であるという見解、さらにいえば貨幣はその本性からして不妊であるという見解はアリストテレスにまで溯ることのできるものだからである。[15]

「アリストテレスの濫用に対して信仰を守ること」に意を用いながら、同時に「大胆にもアリストテレスの利用を支持」したひと、そしてそのことによって「アリストテレスに洗礼を授け、……偉大な異教徒を死者の国から甦らせたひと」――これらはチェスタトンがトマスに寄せた言葉である。[16] うめつくすにはあまりに大きな隔たりのあるアリストテレスの学知をキリスト教の教えのなかに、あるいはキリスト教の教えを根幹に据えた世界了解のなかに包みこみ、溶け込ませようとしたひとだというのである。正鵠を得た言葉であるかどうか、異論をさしはさむ余地があるかもしれない。とはいえ、トマスの知的構築物はアリストテレスの学知を一旦は受け容れ、しかし、冷徹に咀嚼しつつ形づくられたものであることはまちがいないし、その意味で大きな影響が認められることもまた、まちがいないであろう。

けれども、すくなくともウスラをめぐる理解についてみるかぎり、アリストテレスがお

14　トマスは別の著作においても、田畑や家畜など、その使用と消費が同じでないものの貸与、つまり使用貸借と対比させながら、金銭の消費貸借において元金を超える返還をせまるのはけっして容認されない行為であるということを、一層、ていねいに説いている。Aquinas, *Questiones disputata de malo* XIII, 4, c. 筆者は、ただし、未見であるが、Langholm (1991), pp. 241-242 に該当箇所が引用されている。

15　『ニコマコス倫理学』（第五巻）、『政治学』（第一巻）。なお、アリストテレスの貨幣をめぐる所説がスコラ学におよぼした影響については、竹内（1991）、とくにその第三〜四章に明解な説明が与えられている。

16　チェスタトン（1933）、生地訳、二五九、二八七頁。

よぼした影響は過大視されてはならないと指摘する研究者もいる。ヌーナンはそのひとりであり、スコラ学の理解の根底にあるのは、とくに今ほどみたトマスの応答の根底にあるのは、アリストテレスの所説というより、むしろ自然法の理念、なによりもまず神と隣人を愛することをわたし達に求める自然法の理念であると指摘して止まない。[17] 筆者には、ヌーナンの指摘するとおりであると思われる。

というのも、諸々の商取引と異なり、金品の貸借、とくに消費貸借は多く、隣人や同胞から、とりわけ困窮している隣人や同胞から、たとえばパンやオリーブ油がないので、あるいは金を一時、切らしているので用立ててほしいと懇願されてなされるものである。それゆえ、同じだけの同種のものにくわえてどれだけかの金品の返還を要求するのは、つまりウスラを要求するのは、そうした隣人や同胞の窮状から目をそむけ、かれらを愛することを拒む行為であって、見過ごしにはできない。つまり、消費貸借にあってウスラを手に入れようとするのは、先に掲げた聖書のことばを、あるいは自然法がひとに求めるところを踏みにじって己の利益をむさぼろうとする罪深い行為だという理解、それがトマスの応答の根底をなすものだとみられるのである。『神学大全』の、この応答を含む分冊の邦訳者である稲垣も、「貸借はあくまで困窮者を助けるためになされるのであって、商取引の一種ではない」という理解、それが「トマスの利子論の正しい解釈ために不可欠である」と述べている。[18]

さて、このようなトマスの理解は、同時代のスコラ学の学僧や教会法学者に共有され、

17 これはその著書、Noonan (1957) でヌーナンがくりかえし、強調している点である。

18 『神学大全 第一八冊』、稲垣訳、四四八頁、訳者註四一二。

以後も継承されていった。先に言及したトマスとほぼ同時代の教会法学者オスティアンシスはそのひとりである。マクラフリンによれば、オスティアンシスは畑や家畜を一定期間、貸し与える場合のように、その所有権が引き続き貸し手にある貸借契約、つまりローマ法にいう使用貸借、あるいは賃貸借と対比させながら、パンやオリーブ油の、また金銭の貸与において同等のものの返還とは別に貸し与えたものの使用料を取ろうとすることの非を告発したという。こうした金品の使用とはそれらを消費することにほかならならず、所有権は借り手に移っている。そのようにすでに自分のものでなくなっている金品の使用について貸し手が代価を、すなわちウスラを払うようせまるのは、借り手から、わけても隣人や同胞から何がしかの金品を強奪（*rapina*）する行為に変わらないとして、その不正を告発したとされるのである。[19] トマスやオスティアンシスに代表される十三世紀スコラ学の学僧や教会法学者は、ウスラの支払いをせまる行為を、人定法、とくにローマ法の法理に適合しないだけでなく、それ以前に、聖書のことばと自然法の理念に背く行為であるとしてきびしく咎めたのである。

ところで、トマスよりすこし前のひとで、十二世紀末から十三世紀前半にボローニアでローマ法を講じ、その解釈に多大な影響をおよぼしたとされる法学者アッゾはウスラをめぐって次のように説いたという。[20]

わたし達は完徳ではなく、そうあるべきほどには隣人や同胞への愛にみちてはいない。世のひとがそのようであることを認めざるをえないとすれば、ウスラをむさぼる行為を例

19 McLaughlin（1939）, pp. 101-102.

20 マクラフリンによれば、アッゾが他界したのは一二三〇年頃であるという。生年はあきらかでないが、トマスよりすこし前のひとであったとみられる。McLaughlin（1939）, p. 88. またワトソンによれば、アッゾの著作、『勅法彙纂集成』（*Summa codicis*）と『法学提要集成』（*Summa institutionum*）は、何世紀にもわたってローマ法についての最良の入門書であると評価されていたという。ワトソン（1991）、瀧澤・樺島訳、一〇八～一〇九頁。

外なく禁じようとするのは、かならずしも適当とはいえない。むしろ、ひろく人びとの必要に応えるために、また、ひとが一層、罪深い行いにはしらないようにするために、節度ある程度のウスラを取って金品を貸し与えることは容認されてよい。なにほどかのウスラを取ることが容認されれば、さほど隣人や同胞への愛にみちているとはいえない者もかれらに金を貸そうとするであろうし、それはまた、困窮し困り果てた隣人や同胞が他人を殺傷して金品を強奪するような悪行にはしるのをおさえることに結びつき、世の秩序を保つことにも資するであろう。なるほど人定法は、聖書のことばやより上位の規範である教会法が教え、あるいは禁じるところを根底からくつがえすことはできない。けれども、ひとをそうした規範に厳格に従わせることは容易ではなく、かならずしも適当でもないとすれば、人定法の下で、世の有り様により適合した判断の示されることが許容される場合もあってよいのではなかろうか、そう説いたとされるのである。(21)

そして、アッゾのこのような見解と重なり合う発言がトマスにも見出される。トマスは、先ほどと同じ応答、『神学大全第II―二』第七八問題「利子の罪について」の第一項「貸した金のゆえに利子〔ウスラ〕を受けとることは罪であるか」という問についての応答のなかで次のようにも述べているのである。(22)

> 人定法は、もしすべての罪が、刑罰を科することによって厳格に禁止されたならば、多くの効益〔*utilitates*〕が阻害されるであろうような、不完全な人びとの状態のゆえに、

21 McLaughlin (1939), pp. 92-94.

22 Aquinas, *Summa theologiae* 38, Lefébure ed. and trans, pp. 236-237.（『神学大全　第一八冊』、稲垣訳、三九〇頁）

> 何らかの罪を罰しないままに放置するのである。したがって、人定法は利子〔*usuras*〕を、いわばそれが正義にかなうものであるとみなして認容するのではなく、多数者の効益が阻害されないようにと認容するのである。

わたし達には聖書のことばと教会の教えに何ひとつ背くことなく生きるのはとてもむずかしい。そのことは認めざるをえない。そのように不完全で徳を欠いたわたし達にはウスラを得ることができないと分かっていて、それでもなお、隣人や同胞に金品を貸し与えることはできそうにない。ウスラを厳格に禁じることは、したがって、隣人や同胞の、とりわけ困窮している隣人や同胞の窮状を和らげることに寄与するというより、かれらを一層、困難な状況に追いやってしまいかねない。それゆえひとの定める法は、ウスラを得ようとすることを正義にかなう行為として認めるのでなく、「多数者の効益」が、わけても困窮している隣人や同胞の効益がさらに阻害されるのを回避することに資するかぎりにおいて認容するのである――ウスラをめぐる理解の根底にあるとみられるものを重ね合わせていえば、トマスはこのように述べているといってよいであろう。

ただし、この応答には明記されていないが、ここにいう利子ないしウスラは、はなはだしくない程度のもの、節度あるものでなければならない。というのも、関連する応答、たとえば、『神学大全II—二』第七七問題第一項、「或る人は物をその価値以上に売ることが許されるか」という問に答えて、トマスは、……人定法（*lex humana*）は、そのなかの多数が徳を欠いているような人民にたいして与えられるのであって、有徳な者だけに与えられるのではない。したがって、人定法は徳に反することをすべて禁止することはできなかったのであって、人々の共同生活を破壊するようなことがらを禁止すれば人定法にとっては充分である。……このようなわけで、もし——何らの詐欺もなしに——売手が自分の物を（価値よりも）高く売るか、買手がより安く買っても、その超過が甚だしくなければ、（人定法は）罰を科すことはせず、いわば許されることと見なすのである

と説いている。[23] また、後にも触れる応答、すなわち、商取引が是認されるとすれば、どのようにそれは営まれねばならないかという問（『神学大全II—二』第七七問題第四項）において、そこから得られるのが〈節度ある利益〉（*lucrum moderatum*）であること、それが条件のひとつだと答えられている。[24] したがって、トマスの先の発言には、人定法の下でウスラを取ることが容認されることがあるとしても、そのウスラもまた、はなはだしくない程度のもの、節度あるものでなければならないという但し書きが含まれていると解してよいであろう。法外な高利をむさぼることが容認されるはずはない。[25]

さて、以上にみたアッゾの、そしてトマスの見解は、つまり、ひとが、わけても日々の糧を得ることに窮している隣人や同胞が乱暴な行為に走り、その結果、「人々の共同生活」

23　Aquinas *Summa theologiae*, 38, Lefébure ed. and trans, pp. 216-217.（『神学大全　第一八冊』、稲垣訳、三七〇頁。傍点、筆者）

24　Aquinas, *Summa theologiae*, 38, Lefébure ed. and trans, pp. 228-229.（『神学大全　第一八冊』、稲垣訳、三九三頁）

25　トマスは、ただし、どれくらいのウスラないし利子であれば人定法の下で認容されることがあってよいかについて何も述べていない。かりに、ものないし商品についての〈公正価格〉（*justum pretium*）という概念が金銭にも妥当し、いわば、〈公正利子率〉なるものを想定することができるのであれば、それが判断の基準になるかもしれない。けれども、筆者の知るかぎり、そのことを示唆するような論述は、トマスには見当たらない。なお、中世後期においてなされた〈公正価格〉に関する錯綜した議論を幅広く展望したボ

が破壊されてしまうという事態をさけるために、はなはだしくない程度のものであるなら、ウスラを取って金品が貸し与えられることがあっても、その罪は有恕し、人定法の下で容認されることもありうるとする見解は、わたし達人間が完徳ではないことを直視した柔軟なものといえるかもしれない。けれども、たとえはなはだしくない程度のもの、節度あるものであっても、ウスラを追い求めることは、隣人や同胞への愛を説く聖書のことばに、あるいは自然法の理念に背く罪深い行為であり、そのことはなにもかわらない。罪を有恕することはそれをゆるすことではないのだから。

それゆえ、人定法の下では罰せられることはなくなったとしても、ウスラを公然とむさぼった者についてはもとより、ひとに金を貸し与えて、あるいは事業に資金を投じて利を得ようとした事業家の胸中から罪の意識が完全に払拭されることはなく、何ほどかわだかまりつづけていたとしても一向に不思議ではない。

また、トマスやアッゾをはじめとする法学者達が表明したこうした見解は、すんなりと受け容れられたわけではない。とくに十三世紀後半から十四世紀の教会法学者のなかにその柔軟ともいえる姿勢に懸念を抱き、異論を唱える者がすくなくなかったようである。けれども以後の推移をふりかえってみると、有恕されうる利得とされえない利得を選り分けるというこころみを先導し、方向づけた見解の表明であったことは、まちがいないと思われる。やがて、商取引や交易に、また、織物業などの事業に資金を投じて利を得ることについて、とりわけソキエタスを組んで事業に出資し、利益の分配にあずかることについて

ールドウィンは、商品の買い占めや取引への参加を妨害するような作為的な行為のない市場で成立している価格が、つまり競争的な市場で成立している価格が〈公正価格〉であるとするのが、〈公正価格〉をめぐってトマスが説いたところについてのひとつの解釈であろうと述べている。Baldwin (1959), p. 76. 竹内もこの見方を支持している。竹内 (1991)、九三〜九五頁。

一定の要件がみたされるならそれは有恕されてよく、したがって人定法の下で容認されることがあってよいとする見解がさまざまに表明されていく。金銭の貸借契約においてもっともな事由のある場合、貸し手が元金とは別になにほどかの補償をもらいうけることは不当ではないとする見方も示されていく。節を改めて説明してみたい。[26]

三　返済の遅滞と逸失利益への補償

金品の貸与は本来、無償でなされるべきであり、ウスラをむさぼってはならない。隣人や同胞への、とりわけ困窮している隣人や同胞への愛からなされる行為であるはずだから。では、貸し手はどのような事由があっても、貸与したもの、あるいは元金の返還以外には何も求めることはできないのだろうか。そうした何かを求めるのは事由のいかんを問わず、有恕されえない行為、したがって人定法の下でも容認されてはならない行為なのだろうか？

ウスラをむさぼることをきびしく咎めるスコラ学の学僧や教会法学者の所説、そして聴罪司祭の説教に接するとき、人びとの間にこうした疑問が生じるのはきわめて自然であろう。貸し与えたものが返されるとはかぎらないし、自身がその金品を用いる機会も犠牲に

26　なお、金を貸してウスラを得ようとする行為が現になされるのは、ウスラを支払ってもよい、それでもよいから金を用立ててほしいと懇願するひとがいるからである。そのような借り手は、したがって、ひとにウスラをとって金を貸すという罪を犯す機会を与えている。それゆえ、そのような借り手に対しても罪が問われねばならない――聖職者や教会法学者のなかにはそう主張するひとがいたという。マクラフリンによれば、教皇グレゴリウス九世はそのひとりで、借り手も罪を問われる、たとえ借りた金がサラセンにとらわれている貧しいキリスト教徒の救出に役立てられるとしても、それは変わらないと述べたとされる。ただし、このような見解に異を唱える聖職者や教会法学者もすくなからずいた。そのひとり、教皇インノケンティウス四世（在位一二四三～一二五四年）は、ウスラの支払いを承知

される。それゆえ、貸し与えた金品が約束どおりに返されず、そのことで不利益をこうむっても、仕方がないとあきらめるほかないとすれば、隣人や同胞を思いやる気持はあっても、それを金品の貸与という形であらわすことに躊躇させられる場合もありえないではない。その金品を自身が用いる機会を犠牲にしたことで逸した効益への埋め合わせを求めることも一切、できないとなれば、同様に躊躇させられるという結果を招きかねない。

このような疑問や懸念に応えるように、貸与したもの、あるいは元金の返済とは別に何がしかの支払いを借り手に求めることが不当とはいえない事由がないかどうか、その吟味が、十二世紀から十四世紀にかけて行われていく。やがて、いくつかの事由がある場合、別途の支払いがウスラないし利子としてではなく、なされてしかるべき補償（*interesse*）として容認されるにいたる。なお、マクラフリンも指摘するように *interesse* とは、金銭が貸与された結果、貸し手に現に生じた事態と、それが行われなかったとすればそうなっていたであろうと推測される事態の差異を、あるいは差異をうめるためになされるべき補償を意味するローマ法の概念である。以前にも註記したように、現代イタリア語の *interesse* や英語の interest は利子を意味するが、スコラ学や教会法においては一貫して補償と解されたのであり、*usura* と混同されてはならない。[27]

さてその容認された事由というのは、大別すると二つある。ひとつは、貸し手が前もって予期することのできなかった行為が借り手の側にあり、そのため貸し手が損失をこうむったという事由であり、もうひとつは、そうした行為の有無にかかわらず、金品を貸与し

することで犯す罪と借りた金でなされる善を秤量することを求め、その金によって罪をうわまわるような善がなされるなら、たとえば貧しい隣人や同胞に救いの手がさしのべられ、あるいは教会を建てることに役立てられるなら、借り手の罪は問われなくてよいと述べたという。ほぼ同時代の二人の教皇が相反する見解を表明したのである。金を借りた側にも罪が問われねばならないかどうか、きっぱりと答えることに、聖職者や教会法学者は逡巡していたということであろう。McLaughlin (1939), pp. 108-109.

27 McLaughlin (1939), pp. 144-145.

たことで貸し手の側はそれを利用する他の機会を犠牲にしており、それによる逸失利益がありえたという事由である。

第一の事由があてはまるもっとも分かりやすい例は、返済の遅滞である。前章でも紹介したように教皇グレゴリウス九世の教令編纂者であり教会法学者でもあったペニャフォルテのライムンドゥスは、返済の遅滞によって自身の事業をつづけるために必要な資金の手当がつかなくなり、他から金を借りねばならなくなる、それも高利で借りねばならなくなるといった事態が起こりかねないと指摘し、その場合に貸し手がこうむる損失、つまり高利の利払いは当然、補償されてよいと述べたという。他の教会法学者も大方、意見を同じくしたようで、オスティアンシスも、貸し手は利を得ようとしているのではなく、損失を回避しようとしているだけだと指摘し、補償を求めるのは不当ではないと述べたとされる。[28]

このような見方を示したのは教会法学者だけではなく、トマス・アクィナスも同様に説いている。くりかえし言及している応答、『神学大全第II—二』第七八問題「利子の罪について」の第二項、「或る人は貸した金のゆえに何か他の便益を要求できるか」という問への答のなかでトマスは、

> 貸手は、罪を犯すことなしに、借手との間で、自分が当然持つべきものに関して被った損失の返済を契約にもりこむことができる。けだし、これは金の使用を売ることではなく、損失を回避することだから

28 Noonan (1957), p. 109.

と述べているのである。[29] ウッドも指摘するように、ここにいう「自分が当然持つべきものに関して被った損失」には、返還の遅滞によって強いられた高利の利払いが含まれるとみてよいであろう。[30]

かれらのこうした見解は、さらに、聴罪司祭によって民衆にも語りかけられた。十四世紀のある聴罪司祭の手引書には、次のような記述が見出されるのである。[31]

> あなたがある期日までに百シリングをわたしに返済することになっているにもかかわらず、あなたがそうできなかった結果、わたしが自分の事業をつづけるためにその分を高利で借りなければならなかったとすれば、あなたは、わたしが払ったその高利を〔わたしに〕支払わねばならない。わたしがまだ払っていない場合には、あなたはわたしを〔高利の負担から〕解放しなければならない。

このように十三世紀において、おそくとも十四世紀までには、返済の遅滞によってこうむった損失に相当する金品を元金とは別に要求することは、ウスラの支払いをせまることには当たらないとして、ひろく認められるようになっていたとみてよい。

ところで、返済のおくれは、また、それがなければつかむことのできた機会、利益を得る機会を逸することも結果しうる。このことは先の二つ目の事由についての議論を喚起す

29 Aquinas, *Summa theologiae* 38, Lefébure ed. and trans, pp. 242-243.（『神学大全　第一八冊』、稲垣訳、三九五頁）

30 Wood (2002), p. 190.

31 Wood (2002), p. 190. なお、このように記されているのは、*Fasiculus morum* という聴罪司祭の手引書であるという。

る。ただし、この逸失利益に相当する補償を求めることは不当ではないといえるかどうか、議論は分かれたようである。

慎重な見方に傾いていたのはスコラ学の学僧で、この点についていえば、トマス・アクィナスもそのひとりといえそうである。というのも、トマスは、『神学大全第II—二』第六二問題「返還について」の第四項「或る人は自分が取ったのではないものを返還すべきか」という問に答えて、逸失利益は、あくまで、「可能的」(*virtute*)に生じえた利益でしかなく、かりに事業や商取引に資金を投じる機会が犠牲にされなかったとしても、実際にどれだけかの利益を手にすることができたか否か、確定的には言いがたい。この意味でそれは、現にこうむった損害より「劣る」(*minus*)ものであり、後者は補償されてよいとしても、そのことは逸失利益にも同じように妥当するとは言いがたいと述べている。トマスは、ただし、「……人格および業務の諸条件に即して何らかの補償をする責務」を借り手は負うことになるとつけ加えている。いかなる補償も必要ないと言い切るわけではないと留保しながら、しかし、逸失利益があったとして補償を求めることについては慎重な見方をとっていたとみられるのである[32]けれども、先のペニャフォルテのライムンドゥスやオスティアンシスをはじめとする十三〜十四世紀の教会法学者の多くは、肯定的な見方を説いたようである。たとえばオスティアンシスは、商取引で利益を得る機会を多く持っている商人が、あえてその機会のひとつを犠牲にし、ひとの求めに応じて金を貸し与えた場合、わけても困窮している隣人や

32　Aquinas, Summa theologiae 37, Gilby ed. And trans., pp. 112-113.(『神学大全　第一八冊』、稲垣訳、一二四〜一二五頁)。なお、トマスは、同じ『神学大全　第II—二部』第七八問題二項の応答のなかでも、同様に述べている。

同胞に請われて貸し与えた場合、逸した利益の埋め合わせとして何ほどかの金を受け取るとしても、それは、返済の不当な割り増しでも恥ずべき利得でもないとして、逸失利益の補償がなされることがあってよいと述べたとされる。[33] もちろん、金貸しが他の誰かに高利で金を貸し、ウスラを得る機会を逸した、その分を補償せよと要求してきたとしてもそれは通らない。補償を求めることができるのは、逸されたのがまっとうな商取引や事業に資金を投じる機会であり、かつ、実際に資金が投じられていたとすればなにほどかの利益がもたらされていたであろうことをひとが納得するように示すことができる場合にかぎられるとクギを刺したという。

そして、十四世紀から十五世紀にかけて北イタリアの諸都市ないし諸国家が行った強制的な借り入れによる資金調達がこの傾向をさらに後押しするように働いたとみられる。

この頃、北イタリアのミラノ、ヴェネツィア、ジェノヴァ、そしてフィレンツェ等の国々は、争いと離合集散をくりかえしており、その結果、財政は戦費の負担によってしばしば破綻に瀕していた。こうした財政の危機的な状況を脱するため、事実上、徴発といってよい資金の借り入れが市民、とくに富裕な市民から行われることがあったという。たとえばフィレンツェ共和国は十四世紀半ば（一三四三〜一三四五年）以降、モンテ・コムーネ（*Monte Commune*）と呼ばれた国庫補塡のための基金への拠出を募ることに踏み切る。当初は市民に自発的な拠出を求めていたが、それでは危機的な状況に陥っている財政を改善することができず、やがて、保有する資産に応じて市民に割り当てるようになったとされる。

33 Noonan (1957), p. 118.

その拠出金には〈贈り物〉という名目で五％の利払いが約束されていたが、返還の期日は決められていなかった。フィレンツェ共和国が永久公債を発行し、富裕な市民に有無をいわせず割り当てるという仕方で行われた借り入れであったということもできよう。[34]

この、国庫補塡のための基金への拠出割り当てについては、市民がそのことでこうむったとみられる不利益、つまり保有する資金を投じることのできた他の機会が拠出によって犠牲にされたことで逸したであろう利益は、まさしく補償されねばならないとして〈贈り物〉の正当性を強調する見解が多く、表明されたようである。他の機会を自らの判断で放棄したのでなく、強いられて放棄せざるをえなかったからである。フィレンツェの平信徒ではあったが、教会法を講じ、共和国の大使もつとめたことのある人物、ローレンティウス・デ・リドルフィスに代表される見解である。[35] そして、こうした見解の表明は、フィレンツェにおけるような資金の徴発といった例についてだけでなく、よりひろく、金品の貸与によって生じた逸失利益の補償は必ずしも不当ではないとする見方の受容を促進するように働いたといわれる。

ただし、異論がまったくなかったわけではない。たとえば二つの托鉢修道会、ドミニコ会とアウグスティヌス会は、〈贈り物〉を約束することは容認できないと主張したとされる。[36] というのも、借り手の側、つまり共和国にとくに、補償することを妥当とする義務の不履行や過失があったわけではない。〈贈り物〉は、それゆえ、本来、無償であるべき貸与について支払われたウスラとみるべきであり、容認されてはならないと主張されたので

34 Noonan (1957), pp. 121-125, de Roover (1963), p. 22.

35 Noonan (1957), pp. 122-124.

36 de Roover (1963), p. 22. ただし、フランチェスコ会は容認されてよいとしたという。

ある。ヌーナンにしたがっていえば、国の基金への拠出は共和国への愛国的な精神からなされるのであり、困窮している隣人、同胞への金品の貸与と同様に無償でなされねばならない、そう主張されたといってもよかろうか。[37]

　こうしたなかで二人のトスカーナの聖職者シエナのベルナルディーヌスとフィレンツェのアントニーヌスが、それぞれの理解を説き、異論を封じることに一定の役割をはたしたとされる。まずベルナルディーヌスはその著書のひとつで次のように述べている。[38]

> 　貨幣は、それを〔何かに〕投じるときにその所有者の努力が傾注されるからこそ、名目上の価額を超える価値を産む。……つまり貨幣は、それそのものによってというより、むしろ、所有者の努力を介して価値を産み出すのであり、それゆえ、貨幣を受け取るひと〔ないし借り受けるひと〕は、その所有者から金を取り去るだけでなく、努力を傾注することによってもたらされる効用や果実のすべても奪い取ることになりうる。

商人や事業家が手に入れる利益は、かれらの努力と創意工夫の積み重ねがもたらすものであって、投じられた貨幣ないし資金それ自体が産み出すものではない。資金は、ただし、かれらに努力を傾注し、創意工夫を働かせる機会を提供する。したがって、金銭の貸与を懇願して、あるいは強制して、商人や事業家にそうした機会を犠牲にさせるときには、補償をするもっともな理由が生じるといってよい、そう、ベルナルディーヌスは説いている

37　Noonan (1957), p. 124.

38　Bernardin of Siena, *Opera omnia* II, 41: 1: 3. 筆者は、ただし、未見で、引用は Noonan (1957), pp. 126-127 によっている。

のである。ヌーナンにしたがって、「商人達の強いられた活動停止は補償の理由になる」と説かれているということもできよう。(39) フィレンツェやヴェネツィアとともに商取引や金融が活発に営まれた都市シエナの近郊に生まれ、イタリアの諸都市を遍歴しながら事業家達の生き様を目の当たりしたひとの率直な発言であり、今日のわたし達にも、分かりやすいものいいだといってよいであろう。(40) ベルナルディーヌスは、ただし、資金を活用するための努力はせず、単に、金を貸すだけなら、そうした補償を期待する資格はないと言い添えることも忘れなかったという。

もうひとりのトスカーナの聖職者アントニーヌスもほぼ同様に説いている。商人や事業家にとって所有する資金は、努力を傾注して見出した機会や創意工夫を働かせて造り出した機会にそれを投じることによって利益をもたらしうる資本である。したがって、国家によって資金が徴発された場合はもとより、だれかに懇願され貸し与えたことよって所有する資金を資本として投じる機会が犠牲にされたとき、それも、自らの手で見出し、造り出した機会が犠牲にされたとき、逸失利益相当の補償をえることは決して不当ではないと説いたとされるのである。(41)

さて、逸失利益は補償されることがあってよいという見解を異口同音に語った二人のうち、ベルナルディーヌス（一三八〇～一四四四年）が生を享けたのはシエナ近郊のマッサ・マリッティーマでのこと。やがてシエナの大学でローマ法、教会法を学んだが、一四〇〇年頃にその地をおそった疫病に倒れた人びとをサンタ・マリア・デッラ・スカラの医療施設

39 Noonan (1957), p. 127.

40 ド・ルーヴァーは、ただし、ベルナルディーヌスのこの発言には、また、すぐ後に紹介するアントニーヌスの発言にも、貨幣は交換に用いられて消費しつくされるのであり、利を産まないもの、不妊のものであるとするスコラ学の基本的な理解と斉合しない部分があると指摘している。de Roover (1967), pp. 29-30. 筆者には、これは的を射た指摘とは思われない。というのも、ベルナルディーヌスは、貨幣は商取引や事業の機会を提供するだけであり、利をもたらすのはあくまで、その所有者ないし商人や事業家の努力と創意工夫だと述べているのだから。

41 Noonan (1957), p. 128.

に介護したことをきっかけに、民衆にじかに接する活動に献身するようになったといわれる。一四〇二年にはフラシスコ会原始会則派の修道士となり、後にはその総長として同会の規律の引き締めにも貢献したという。ただし、民衆とじかに接するという活動は休むことなくつづけられた。その多方面にわたる宗教活動のなかでもベルナルディーヌスがもっとも熱心にかかわったのは民衆への説教であったといってよい。イタリア半島の各地を徒歩で訪ね、道徳的頽廃や不正を糾弾した説教は、力強く、しかもユーモアも交えて語られて聴き手を魅了した。以前にも紹介したように、説教の場はときに数万の聴衆によって埋めつくされるほどであったといわれる。ベルナルディーヌスは説教を介して民衆のこころをとらえ、教え諭すことのできた聖職者であったといってよい。[42] アントニーヌスもまた、ドミニコ会の修道士として、同会の改革にかかわり、フィレンツェの大司教に任じられた後は、司教座の刷新にも取り組んだが、同時に、民衆への説教にも熱心であったことはすでに紹介したとおりである。

多くの人びとに傾聴され、共感を呼んだ二人の聖職者の発言を得て、逸失利益の補償を求めることについてあった懸念や躊躇はかなりの程度、払拭されたようである。以後、そのことを不当とする主張は影をひそめていく。

こうしてみると、コジモ・デ・メディチの時代、つまり、十四世紀末から十五世紀半ばまでには、すくなくとも以下の二つの補償を元金の返済とは別に求めることは、容認されるようになっていたといってよさそうである。

42　ベルナルディーヌスの生涯についての以上の紹介は de Roover (1967), p. 3 によっている。また、同書によれば、一時、異端の疑いをかけられ、抗弁を余儀なくされたこともあったという。道徳的頽廃や不法、不正に対する厳しい説教に不平をつのらせる者が、教皇に働きかけることのできる高位聖職者のなかにもいたということであろうか。

i　金品の貸借契約において借り手の側にあった義務の不履行、とくに返済の遅延によって生じた損失の補償

ii　所有する資金を他に貸与した結果、事業や商取引に投じる機会が犠牲にされたことによって逸した利益の補償

四　ソキエタスからの利益——トマス・アクィナスの理解

トマス・アクィナスには、天地創造の次第を物語る聖書のことばの解釈をめぐって記された次のような文章がある。[43]『神学大全I』第六八問題「第二日の業について」第一項「蒼穹は二日目に造られたか」という問に答えて記された文章の一節である。

アウグスティヌスの教えているように、この種の問題にあっては、二つのことが遵守されなくてはならぬ。第一には、聖書の真理は、怯むことなく、あくまでこれを護持すべきこと。第二に、聖書はまたさまざまの仕方で解釈されうるものゆえ、たとえこ

43　Aquinas *Summa theologiae* 10, Wallace ed. and trans., pp. 70-72.（『神学大全　第五冊』、山本訳、六二頁）

れが聖書の意味だと自分の信じていたところのものの偽りであることが、確実な論拠によって確立されるにいたったとしても、なおかつ依然としてこれを敢えて主張して憚らないほど、それほどまでに絶対にその解釈に固執するごときは、如何なる場合にもあってはならないこと。それは、こうしたことが因をなして聖書が不信者の嘲笑を買い、かくして彼らの信仰への道が塞がれるにいたることがあってはならないからである。

トマス・アクィナスによってつくり上げられた知的構築物はまことに巨大で、筆者が触れることができたのは、そのわずかな部分でしかない。けれども筆者のみるかぎり、この学僧は、たとえ聖書のことばの解釈をめぐって遠い以前から受け継がれてきた教説であっても、その一字一句にとらわれ、いたずらに固執しようとするかたくなな存在ではない。右の文章はこのことをわたし達に示してくれる。そして、本書が向き合っている問についても同様であったと筆者には思われる。

たしかに、ひとの利を追い求める行為についてトマスもけっして寛容ではなかった。ウスラをむさぼることに対してそれは、すでに自分の所有物ではなくなっているものの使用について代価を得ようとする行為、正義にもとる行為であるとして断罪したように。同時に、しかし、利を求める行為のなかには、厳格に禁じるより、その罪を宥恕することが、むしろ適当であるとみられるものがあるとして、それらを宥恕されえない行為から選り分けるというこころみにも大胆に踏み込んでいく。そのときのトマスの姿勢は、そこに生きるひとが完徳ではありえない世の有り様をあるがままに受けとめ、そこから論を立ち上げようとする柔軟なものであったことは、先にみたとおりである。

重複を寛恕していただいてくり返せば、聖書のことばと自然法のうながすところに何ひとつ背くことのなくこの世の生をまっとうすることはわたし達にはかなわない。わたし達のなす行為には、わけても利を求めてなす行為には、それゆえ、罪に当たるといわざるをえない部分があるかもしれない。けれどもそれが、厳格に禁じられればかえって世の人びとがひろく享受している効益が阻害されかねない行為であるなら、あるいは人びとの共同生活が破壊されかねない行為であるなら、罪は宥恕し、その行為を通して何がしかの利を得ることもひとの定める法の下で容認されることがあってよい。そのような理解に拠りながら、トマスは選り分けのこころみに踏み込もうとしたのである。そして、こうしたトマスの姿勢のあらわれといえそうなもうひとつの例を、商取引をはじめとするさまざまの事業がもたらす利益についての、とりわけソキエタスを組んで営まれる事業がもたらす利益についての発言にみることができる。

前章でも言及した『神学大全II—二』第一一八問題、第四項「貪欲は罪であるか」という問への答のなかで、トマスは次のように述べている。[44]

目的のゆえに〔*propter finem*〕あるところのすべてのものにおいて、善〔*bonum*〕は何らか

44 Aquinas, *Summa theologiae* 41, O'Brien ed. and trans., pp. 242-243.（『神学大全　第二〇冊』、稲垣訳、二四八頁）

の度合、適合（*mensura*）に存する。……たとえば医薬が健康にたいするように、目的のために（*ad finem*）あるところのものは目的にたいして適合的でなくてはならないからである。

本来は善をもたらしうる営為も限度を弁えずになされるとき、そうではなくなることがある。医薬が過剰に用いられると、かえって健康が損われてしまうことがあるように。それゆえ、ひとのなす営為はその目的に適合する程度において、あるいは節度ある仕方で営まれてはじめて善行になりうると説いているのである。そしてトマスは以下のようにも述べ、このことは商取引にも当てはまると指摘している。『神学大全II―二』第七七問題第四項、「商取引において何かを買った時よりもより高い価格で売ることが許されるか」という問への答の一節である。[45]

〔商取引は〕その本質のうちに悪徳的もしくは徳に対立するような要素は何らふくんでいない。ここからして、利得が何らかの必要不可欠な目的、あるいは高潔な目的にさえ秩序づけられるのを妨げるものは何もない。……たとえば、或る人が商取引において追求する節度ある利得（*lucrum moderatum*）を、自分の家の維持、あるいは困窮者の援助にさえも秩序づける場合、さらにまた或る人が公共の利益のために、すなわち祖国が生活必需品を欠くことがないようにするために商取引に専念し、利得が目的である

45 Aquinas, *Summa theologiae* 38, Lefébure ed. and trans., pp. 228-231.（『神学大全　第一八冊』、稲垣訳、三八三〜三八四頁）

> かのように追求するのではなく、むしろいわば、自分の労苦にたいする給与と見なす場合がそうである。

商取引からの利得は、それ自体が目的であるかのように際限なく追い求められてはならない。そうではなく、利得が、生活に欠かせない品々を人々に提供するために、あるいは困窮している人々に救いの手をさしのべるという高潔な目的に寄与すべく労を惜しまなかったことに報いるものとして手にされるのであれば、それが非とされる理由はない。また、求められる利得がこの意味で節度あるものであるなら、営まれる商取引も善行でありうる、そうトマスは指摘しているといってよいであろう。

トマスはさらに、

> 或る点でその品物に手を加えてよりよいものにしたとか、……品物を或る場所から別の場所へ移すか、あるいはそれを運ばせるのに、わが身を危険にさらした

場合、なにほどかの利を得るのは不当ではないとつけ加えている。商取引がすすんで危険を負ってなされるのであれば、利得は、そのことへの報奨としても肯定されてよいとされているのである。

そしてトマスは、『神学大全第II—二部』第七八問題第二項「或る人は貸した金のゆえ

に何か他の便益を要求できるか」という問への答のなかで、ローマ法において認知されている契約の類型のひとつとして先に言及したソキエタスに触れ、次のように述べている。[46] なお、*societas* は左記の文章におけるように組合と表記されることもあるが、本書ではそれにならわず、単にソキエタスと、あるいはパートナーシップと言い表すことにする。

> 自分の金を商人あるいは職人に何らかの組合（*societas*）を形成するような仕方で委託する者は、自分の金の所有権を後者に移譲するのではなく、それは前者のものでありつづけるのであり、したがって前者の危険において、商人はその金で取引を営み、職人は仕事をするのである。したがって、かれはそこから生じてくる利得〔*lucri*〕の一部を、あたかも自分のものであるかのように要求することが正当にできるのである。

さまざまの商取引に、たとえば遠隔地交易に資金を出資する、それも適当なだれかとソキエタスを、あるいはパートナーシップを組み、そのパートナーに資金の使用を委ねて交易を営むとき、利益の分配を求めるのは不当なことではないと述べられている。それは、出資した資金の所有権はそのひとに帰属しつづけ、したがって先に使用貸借について指摘したように、自らの所有になるものの使用について対価を求めるのは不当ではないからである。そのうえ、商取引一般、とりわけ遠隔地交易には種々の危険が伴う。つまり、ソキエタスないしパートナーシップへの出資は、自身の所有する資金を危険にさらすことでも

46 Aquinas, Summa theologiae 38, Lefébure ed. and trans., pp. 244-245.（『神学大全 第一八冊』、稲垣訳、三九七頁）

あり、利益の分配にあずかることはそのことへの報奨という意味でも不当ではない。つい先ほどみた発言と重ね合わせていえば、ソキエタスをめぐるトマスのこの理解はそのことも含意しているとみてよいであろう(47)。

ただし、資金の使用からもたらされた利益の分配は求めながら、しかし、危険はすべてパートナーに負わせ、生じうる損失は一切、引き受けないという約定のもとにソキエタスが組まれているとすれば、そのときに得る利益は金を貸して借り手からむさぼったウスラにひとしい〈忌むべき利得〉といわざるをえない。危険がすべてパートナーによって負われるということは、資金の所有権は、実質的にそのパートナーに移譲され、出資者のものでなくなっているということであり、にもかかわらず、その使用に対価を求めるのは「存在しないところのもの」を売ろうとする行為、「正義に反対・対立する」行為だからである。

利益だけでなく、危険、もしくはそれが現実のものとなったときに生じうる損失も共に分かち合われること、それが、あるソキエタスが不当なものではないとして容認されるために欠かせない要件だとされているのである。それゆえ、トマスの理解には先に触れた理念、つまり、ソキエタスの根幹をなすのは兄弟的結合だとする理念が反映されているということもできよう。

なお、本書の冒頭でも触れた事業家フランチェスコ・ダーティーニ、十四世紀後半から十五世紀初頭にかけて当初はアヴィニョンに、後にフィレンツェに本拠を置いて交易と金

47 ヌーナンも、先に前節脚註33で触れたのと同様の疑問、つまりトマスのこの記述には、貨幣は不妊であるとするスコラ学の基本的な理解と斉合しないのではないかという疑問が投げかけられうると指摘している。Noonan (1957), pp. 144-145. この場合も、しかし、利益を産み出すのは、投じられた資金そのものというより、資金を使用するにあたって働かされた両当事者の創意工夫や努力であり、ヌーナンの指摘は的を射たものとは考えられない。

融を営んだフランチェスコ・ダーティーニは、ソキエタス、あるいはコンパニーアを組んで事業に携わることの良さを、兄弟をもつことになぞらえて、次のように表現したという。[48] ダーティーニは、ソキエタスを組んで立ち上げられた事業の拠点を、ピサ、ジェノヴァ、バルセローナなどに持っていた。

> 互いに堅く結ばれ愛し合う二人の良き兄弟ないし良き共同経営者《コンパーニョ》の間には、なんという慰めと喜びと満足があることだろう。
>
> ……
>
> 共同経営者をもつのはけっこうなことだ。まず、兄弟ができる。それから、名誉と利益が得られるように、若気の過ちからまもってくれる人ができるからね……。

さて、欧州に到来した新しい時代を生き、現世の成功をつかみとってみせようとした事業家が十三世紀以降、各地に、とりわけ北イタリアの諸都市にあらわれたことはこれまでに何度も述べてきたとおりである。やがてかれらのなかから、アルプスの北や地中海の西部にまで拠点を立ち上げ、商取引を営む事業家もあらわれる。ダーティーニがそのひとりであったように。そうした事業家にとって商取引、とくに遠隔地交易は主要な収益源のひとつであった。なるほどかれらの事業は信仰に照らしてみるとき、一点の曇りもないものとは言い切れないかもしれない。けれども、ダーティーニがそうであり、メディチもそう

48 Origo (1957), pp. 108-109.(篠田訳、一三四〜一三五頁)。これは共同経営者のひとりに宛てた手紙に記されている言葉だという。ただしダーティーニは、実のところ兄弟のようにすべてを分かち合ったわけではなく、ときに、「獅子の分け前」を我がものにすることもあったとされる。

であったように、かれらは多くの場合、ソキエタスを組んで事業に乗り出した。トマスは、そのソキエタスが兄弟的結合という理念に沿うあり方のものであり、また、営まれる事業が「公共の利益」に、あるいは「祖国が生活必需品を欠くことがないようにする」ことに寄与しうるものであるかぎり、分配される利益は宥恕されてよいという見解を右にみたいくつかの応答をとおして表明しているのである。

五　教会法学者の逡巡

ただし、ソキエタスについての、この肯定的な見解が教会法の観点からも妥当な判断とみなされ、いわば、教会の公式見解として認知されるまでにはゆうに一世紀を超える時間を要した。トマスと同時代において、また、つづく十四世紀においても聖職者や教会法学者のなかに懐疑的な、あるいは否定的な見方をするひとがすくなくなかったのである。当時の事業家達によって実際に組織されたソキエタスには、そうあらねばならないとされたあり方に沿わない側面をもつものがあり、それがかれらを混乱させ、肯定的にみることを逡巡させたようである。自ら教会法を学んだこともある教皇グレゴリウス九世はそのひとりで、ある海上輸送を含む商品の販売契約を念頭に置いて、否定的な見方を示したとされる。何らかの商品を所有する者（A）がその海上輸送と輸送先での販売を他のだれか、たとえばある商人（B）に委ねる契約である。

こうした契約にはさまざまの危険がつきまとうが、船が海上にある間に生じうる危険はAが、つまり商品の輸送と販売を委ねた側が自ら負うとされた。しかし、船が無事、目的地に着いた後に生じうる危険はすべて、それらを委ねられた商人Bが負うことになっていたという。つまり、危険が現実のものとなって損失が生じたとき、たとえば不測の出来事によって商品が販売に供せないほど損傷したときにも、Bは委ねられた商品に相当する金を返還しなければならなかった。また、販売が首尾よい結果になり、利益がもたらされたときには、一部をAに分配することになっていたという。[49] ウッドによれば、このような契約は、また、商取引、とりわけ遠隔地交易が活発になり始めた時代、つまり、十二世紀以降十三世紀の半ば頃まで、地中海沿岸の主な港湾都市で盛んに結ばれたとされる。[50]

さてヌーナンも指摘するように、この契約にはソキエタス、それもそうあらねばならないとされたあり方に沿うように形づくられたソキエタスといってよい側面とそこから逸脱した側面がある。[51] Aが商品の海上輸送と販売をBに委ね、利益の分配にあずかる、その際、危険のすべてをBに負わせるのでなくすくなくとも一部は、つまり船が航行中の危険はA自身が負う、という面を捉えていえば、かれらはあるべき姿のソキエタスを組んだといってよい。[52]

けれども、無事、目的地に着いた後の販売活動にまつわる危険はすべて、Bによって負

49 Noonan (1957), p. 134. なお、エドラー＝ド・ルーヴァーによれば、*foenus nauticum* と呼ばれたこの契約は、十三世紀末から十四世紀初頭にかけて考案され、ひろく利用されるようになる海上保険制度の萌芽的形態のものとみられるという。Edler de Roover (1945), p. 175.

50 Wood (2002), p. 194.

51 Noonan (1957), p. 135.

52 本章のはじめに言及した類型にそっていえば、コンメンダが組まれたということもできよう。ひとつの海上輸送についてだけ、組まれたパートナーシップということになるから。

われる。このことは、以後、その商品の所有権は実質的にBに移譲されているということを意味する。にもかかわらず、Aは、販売を委ねた商品に相当する金の返還だけでなく、得られた利益の一部も求めている。とすれば、それは、すでに自分の所有物ではなくなっているものの使用について代価の支払いをせまる行為、ウスラをむさぼる行為にひとしい。この契約はそのようにみなされても仕方のない側面も併せ持っているのである。

グレゴリウス九世は教令のひとつにおいてこうした側面をとらえ、そのような契約を結んで利益の分配にあずかろうとする行為は容認されえないとする判断を示したという[53]。自ら危険のすくなくとも一部は負って金品を他に委ね、共同で事業を営むというこの契約のもうひとつの側面、つまり、そうあらねばならないとされたあり方に沿うようにソキエタスを組み、事業を営むという側面は、ウスラをむさぼることを許しているとみなされても仕方のない側面と、いわば、一蓮托生で不当なものという烙印を押されてしまったのである。ソキエタスを組んで商品の販売、とくに遠隔地での販売に乗り出そうとする企ては、こうして牽制されることになる。この種の契約そのものも十三世紀後半にはほとんど結ばれなくなったという[54]。

このように懐疑的な、あるいは否定的な判断を示したのは、グレゴリウス九世ひとりではない。少し前の教皇インノケンティウス三世（在位一一九八〜一二一六年）、そしてグレゴリウス九世の秘書官であり、以前にも述べたようにその教令の篇纂者でもあったペニャフォルテのライムンドゥスにも趣旨を同じくする発言がある。さらに、十三世紀を代表する教

53　Noonan (1957), pp. 137-138.

54　Wood (2002), p. 194.

会法学者とされるオスティアンシス、そしてやはり優れた教会法学者でもあったといわれる教皇インノケンティウス四世（在位一二四三〜一二五四年）もウスラをむさぼるにひとしい側面を併せ持つこの契約とそうあるべき姿のソキエタス、利益だけでなく生じうる損失もすべて共に分かち合われるという仕方で形づくられたソキエタスを画然と区別することができず、そのため、ソキエタスを組んで事業に資金を投じるという企て全般について懐疑的であったといわれる。[55]

もちろん、十三世紀の高位聖職者や教会法学者がそろって、同様だったわけではない。たとえば、ボローニアで教会法を講じたこともあるとされる枢機卿ゴッフレドゥス（一二四五年没、生年不明）のように、この種の契約とそうあらねばならないとされたあり方に沿うように形づくられたソキエタスは、根本的に異なるものであって混同されてはならないと述べ、そのうえで、後者から分配される利益はウスラではなく容認されてよいと主張するひともいた。この枢機卿の発言は、ただし、ひろく支持されるにはいたらない。つづく十四世紀においても議論が錯綜するだけで、状況に大きな転機はおとずれなかったようである。

ソキエタスをめぐってトマス・アクィナスの説いたところ、あるいはそれと軌を一にする見解は、容易には受け容れられなかったのである。けれども、世紀が改まると、つまり、コジモ・デ・メディチの時代の幕が開いた頃になると状況は変化する。ソキエタスを組んで事業を立ち上げ、利益の分配にあずかることを肯定する見解に立ちはだかっていた

55 Noonan (1958), pp. 140-143.

懐疑や逡巡は次第に、払拭されていったとみられるのである。そして、このことについても、トスカーナの二人の聖職者、シエナのベルナルディーヌスとフィレンツェのアントニーヌスはすくなからず力になったようである。節を改めて、二人の発言を眺めてみる。

六　シエナのベルナルディーヌスとフィレンツェのアントニーヌス

あるひとが、所有する金品を他に委ね、その利用、たとえば遠隔地への輸送と販売によって獲得された利益の分配にあずかるとき、分配された利益がウスラには当らないものとして有恕されることがあるとすれば、金品はどのような仕方で委ねられていなければならないか。この問に答えて、シエナのベルナルディーヌスは著書のひとつで次のように述べたとされる。そのひとが、両当事者の関係が完了するまで金品の所有者でありつづけ、かつ、その間に生じうる危険のすべてをパートナーと、すなわち金品を委ねられた側と共に負う場合にのみ、分配された利益は不当なものではなく、ウスラとはみなされない。そして、この答について的確な理解をうながすため、いくつかの想定例を用いて補足的な説明をこころみたという[56]。

ベルナルディーヌスはまず、前節で言及したような契約に触れ、商品の海上輸送と販

56　Noonan (1957), pp. 149-151.

売を委ねた側Aが得る利益は宥恕されえないと主張する。その商品が目的地に着いた後に試みられる販売が成功するか否かにかかわらず、それに相当する金の返還が求められるということは、販売活動につきまとう危険はすべて商品を委ねられた側Bが負わされており、したがって、その所有権も実質的にAからBに移譲されているということを意味する。にもかかわらず、Aが何がしかの利益の分配も受けるとすれば、自らは所有しないものの使用ないし利用について代価を得たということであり、それはウスラにほかならないからである。

かりに、商品の販売が首尾よい結果にならなかった場合にBに求められるのは、それに相当する額の金の返還だけで、それ以上は要求されないという契約であったとしても、所有と危険負担の実態はなにも変わっていない。懸念された危険が現実のものとなってBが何も手にすることができなかったとしても、Aは何ら損害をこうむらずに済むからである。

いずれにせよ、Aの受け取る利益は、ウスラであると、あるいはウスラをそうではないかのように装った〈忌むべき利益〉であるといわざるをえないこと、それも変わらない。

これに対して、Aは、販売のこころみが成功したときには利益の分配を受ける。ただし、懸念されていた危険が現実のものとなってどれだけかの損失が生じたときにBがなさねばならないのは、委ねられた商品からその損失を差し引いた分に相当する金の返還だけでよいとされるなら、販売成功時の利益分配は不当ではない、そう、ベルナルディーヌスは説いている。というのも、Aは一貫してそれを所有しつづけ、海上輸送中の危険だけでなく、販売にまつわる危険もBと共に負っているからである。

これは、そこから利益の分配を受けることが不当ではないとトマス・アクィナスが述べたあり方のソキエタスを、すなわち金品を委ねた側が一貫してその所有者でありつづけ、事業がもたらす利益も生じうる損失もすべて、委ねられた側と分かち合うというあり方のソキエタスだけをベルナルディーヌスも肯定していたことを示すものといえよう。利益の分け前を要求するだけで損失は一切、負わないというのは、ソキエタスの兄弟的結合という理念に背くあり方であり、そのようにして獲得された利益は宥恕されえないという理解が、ベルナルディーヌスにも共有されていたことのあらわれでもある。

ベルナルディーヌスは、ただし、商取引や金融を営んだ人びとの生き様を肯定的な、あるいは好意的な眼差しでみていたわけではない。むしろ、徹頭徹尾、批判的であったという。富への「節度なき所有愛」に駆り立てられ、利益それ自体を際限なく追い求める者とみなし、きびしい言葉を浴びせつづけたのである。かれらが世になしたさまざまの寄与、納税による国の統治への貢献、教会や修道院造営のための、また病院の建設と運営のための寄進、そして困窮している人びとに寄せられた支援をほとんど顧みようとしないその態度について、イリス・オリーゴはベルナルディーヌスに寄せた評伝のなかで公正さを欠いたものだといわざるをえないと述べている。オリーゴはまた、そうしたベルナルディーヌスの態度の根底には、貧しさのうちに生きている人びとへの名状しがたい尊崇の念が、ほとんど神秘的といってよい尊崇の念があったのではなかろうかとも述べている。(57)

57 Origo (1962), pp. 96-97.

そのようなベルナルディーヌスではあったが、ソキエタスから分配される利益については、兄弟的結合という理念に背くあり方のものであってはならないという条件を付してはいるものの、容認する見方を示したのである。ひとは、そうあるべきほどには隣人や同胞への愛にみちてはいないという世の有り様をみつめるとき、かれら事業家の寄与がなければ、その、貧しさのうちに生きている人びとの救済もなしえないという現実を受け容れざるをえなかったということであろうか。

ベルナルディーヌスがトマスから受け継いだとみられる理解は、アントニーヌスにも共有された。その著書の一節でアントニーヌスは、契約のなかに当事者の一方、とくに金品を委ねた側を、生じうる危険ないし損失の負担から免除するような条項がくわえられているなら、それは、あるべき姿のソキエタスではない。事業の成功、不成功にかかわらず、委ねられた商品相当の金が、あるいは投じられただけの資金が返還されることを要求し、そのうえ利益の分配を求めるなら、それはウスラをむさぼる行為と変わらない、アントニーヌスもそう主張して止まなかったようである[58]。ソキエタスは兄弟的結合を理念として形づくられる関係であり、したがって利益だけでなく損失もすべて、共に分かち合われるとき、かつ、そのときにのみ、肯定されてよい、そう説いたということもできよう[59]。

さて、ソキエタスについてこのように語った二人はともに、その説教を通して民衆の心をつかみ教え諭すことのできる聖職者であった。また、後にも触れるように、事業家のなかには二人の、とくにアントニーヌスの著書の一部を、わけてもウスラないし〈忌むべき

58 Noonan (1957), p. 151.

59 アントニーヌスはさらに、事業がまったく利益を産まなかったとしても、金品を託された側の労役にたいする手当は支払われねばならないと述べ、その分は金品を託した側が負うべきであると説いたという。Noonan (1957), p. 151.

利得〉をむさぼることの罪に触れた部分を買い求め、身近に置いていたひとがすくなくなかったといわれる。利益だけでなく損失も分かち合われるように形づくられているとき、ソキエタスから分配される利益は宥恕されてよいとする見解に投げかけられていた懐疑や懸念は、二人の力強い説教者の発言を得て、ようやく、払拭されるにいたったとみられる。ソキエタスを組んで事業を立ち上げようとするとき事業家達が抱いたであろう不安やおそれも、何ほどかやわらげられたにちがいない。

ただし、そうなるまでに要した時間は、かりに、トマス・アクィナスの発言を起点にとってみれば、ゆうに一世紀を超えている。ヌーナンも示唆するように、それは、民衆に、とくに事業家達にじかに接することが多々あった聖職者だけでなく、スコラ学の学僧や教会法学者が、つまり教会が、現世的な成功の機会が大きく開けた時代に生きる人びとのおそれや不安に向き合い、それらが拭い去られることを待ち望むかれらの希求に応えるに要した時の経過であったということもできよう。(60) ソキエタスは、かれらが頻繁に採用した事業の形態であったから。

60 Noonan (1957), p. 153.

七　新たな生き様解放への一歩

さて、十三世紀から十四世紀にかけて、さらには十五世紀初頭にかけて、こうしてつづけられたこころみ、宥恕されうる利得をされえない利得から選り分けようとするこころみは、何を結果したのだろうか。それを、また、どのように受けとめるのが適当だろうか。このことに触れて、本章の結びとしたい。

何はさて措き確認されてしかるべきは、いくつもの営為が、あるいはそれがもたらす利得が宥恕されてよいとみなされるようになったことである。トマス・アクィナスの理解に沿っていえば、聖書のことばや自然法がひとにうながすところに照らしてみるとき、罪に当たる部分がないとはいえないとしても、それらを厳格に禁じればかえって多数者の効益が、あるいは公共の利益が損なわれてしまうおそれのあるものがある。そのような営為ないしそれがもたらす利得については、あえて罪は問わず、宥恕されてよいとみなされるようになったのである。

例をあげるなら、利得そのものが目的であるかのように際限なく追い求められるのではなく、日々の暮らしにに欠かせない品々を人びとに提供するという目的のために、あるいは困窮している隣人や同胞に救いの手をさしのべるという高潔な目的に寄与すべく労を惜しまなかったことに報いるものとして手にされるのであれば、商取引を営み、利を得ることは宥恕されてよいとみなされるようになった。商取引がすすんで危険を負ってなされるのであれば、利得は、そのことへの報奨としても容認されてよいとされるようにもなった。

また、商取引であれ、他の事業であれ、それがソキエタスを組んで営まれるとき、そこに金品を投じて分配される利益も、そのソキエタスがそうあらねばならないとされたあり方に沿うものであるかぎり、宥恕されてよいとみなされるようになった。いずれ改めて触れるように、このことは、メディチのような事業家達の営為を後押しするように働いた。

さらに、後の章で立ち入って言及するが、他者から寄託された資金を自身の事業に投じて得られる利益や為替手形を引き受けて資金を提供することによって得られる利益も、一定の条件がみたされるなら、宥恕されてよいとみなされるようになったとみられる。

そして、もっともな事由のあるとき、金品を貸し与えたひとに貸与したものの返済とは別に種々の補償を求めることも不当ではないとされるようになった。返済の遅滞によってこうむった損害の補償、商取引や事業に資金を投じる機会が犠牲にされたことで逸したとみられる利益への補償を求めることは、ウスラの支払いをせまることには当たらないとして、容認されるようになったのである。

容易に気がつくように、一連のこころみは、ウスラをむさぼり、それゆえ、けっして宥恕されえないとみなされる行為を、あるいは利得を狭く限定するという帰結をもたらした。本来、無償でなされねばならないとされた金品の貸与において、返済の遅滞等、補償を求めるもっともな事由がないにもかかわらず、貸与されたもの、あるいは元金を超えて借り手に支払うようせまられるものが、そしてそれだけがウスラとみなされるようになったといってよいであろう。

こうした帰結を評してド・ルーヴァーは次のように述べている。すなわち、このこころみにかかわったスコラ学の学僧や教会法学者達が、また聖職者達が成し遂げたのは、質屋や両替商などの街中の金貸しから遠隔地交易やそのための金融を手広く営んだ事業家にいたる人びとに、手に入れたウスラをウスラではないとみせかけるための種々の仕掛けをつくるよう誘い、それによって偽装された〈忌むべき利得〉のための「避難小屋」（escape hatch）を建ててやったようなものだと。もしくは抜け道を用意してやったようなものだと。[61]

なるほど、金品の貸借契約において、返還までの期日を事実上、履行不可能なほどに短く決めておくことで遅滞を生ぜしめ、〈補償〉を得る行為のように、もしくは、何がしかの〈贈り物〉を寄こすなら返済期限を猶予してもよいとほのめかす行為のように、ウスラをむさぼる行為を隠蔽する仕掛けが種々、つくられたのはたしかだとされる。さらに、金を貸し与えるとき、田畑を抵当として差し出させ、その収穫をわがものとするという行為も同様である。[62] また、後に立ち入って触れるように、為替手形を引き受けて資金を提供する行為も、ウスラをそうではないかのように装う手段として使われることがあったとみられる。

けれども、ウスラをそうではないかのように装うというすこしく薄汚れた振舞い、それ

61 de Roover (1967), pp. 40-41.

62 マクラフリンによれば、こうした行為は十二世紀末以降、あるまじきことに修道院によってしばしばなされたという。McLaughlin (1939), pp. 113-115.

が、選り分けのこころみがもたらしたもののすべてだとみなされるなら、それは、皮相な見方だというほかない。ド・ルーヴァーも、もとより、そのような見方をよしとしているわけではない。

　事実、このこころみは、やがてくる資本主義の時代、それに連なる一歩を、それも大きな一歩を踏み出すものであったとみるひともいる。[63] すすんで危険を負って商取引や交易の事業を立ち上げ、利を得ることを、多数者の効益に、あるいは公共の利益に資するものとして宥恕し、事業家達にさらなる事業の拡張と富の蓄積をうながしたであろうから。ただし、こうした見方が的確なものといえるか否か、答えることはできない。これは、経済史の、あまりにも大きな問であり、そのような問に答えるための用意が筆者にはないからである。

　筆者は、ただ、次のように考えている。

　ウスラをそうではないかのように装う仕掛けが種々つくられたことは、裏返していえば、来世への不安とおそれが街中の金貸しばかりでなく交易と金融を手広く営んだ事業家達の胸中にも依然としてわだかまっていたことを物語っている。ウスラをむさぼり、聖書のことばと自然法のうながすところを踏みにじる者を待ち受けているのは、永遠の死以外にないという教えが、あるいは掟が、かれらに重くのしかかっていたことのあらわれであるといってもよい。フランチェスコ・ダーティーニにのしかかっていたように。そして、いずれみるように、おそらくはコジモ・デ・メディチにも。

63　こうした見方に立つことは、ながく受け容れられてきた見解、とくにマックス・ウェーバーによって打ち建てられた見解に疑義を投げかけることでもある。ド・ルーヴァーはそのひとりで、メディチの事業とそれを担った人びとの生き様は、ウェーバーの見解に反証をつきつけるものとみているようである。de Roover (1963), p. 7. また、ハントとマレーもその著書のなかで同様に主張している。Hunt and Murray (1999), pp. 242-245.

一連のこころみは、それゆえ、キリスト教の教えと掟をないがしろすることはできず、しかし、自らの創意と不断の努力でこの世を生き抜き、現世における成功をつかみとろうとしたひとを鼓舞するものであったこと、それはたしかであろう。すくなくともかれらの胸中にわだかまっていたにちがいない不安とおそれを何ほどかやわらげるものであったことはまちがいない。そして、そうした人びとを迎え入れ、鼓舞することは、資本主義の興隆につらなる一歩であったか否かにかかわらず、現世を存分に生き抜こうとする新たな生き様の解放に向けて、たしかな一歩を踏み出すものであった。筆者はそう考えている。コジモ・デ・メディチは、そのような時代に生き、この世の生を見事にまっとうしたひとのひとりであった。

さて、そのメディチの事業は十五世紀中葉に、つまりコジモ・デ・メディチがその全体を束ねていたころに、成功の頂点に達する。本書の後半では、その収益の源泉となったのは何であったか、そして、事業を成功に導いたものが何であったか、探ってみる。また、本章でふりかえってみたこころみ、宥恕されうる利得をされえない利得から選り分けようとしてつづけられたこころみの帰結に照らしてみるとき、メディチの事業とその収益はどのようにみなされるものであったか、つぶさに吟味するつもりである。

その前に、ただし、十三世紀から十四世紀にかけてフィレンツェが置かれていた状況と有力な一族のひとつに数えられるにいたったメディチの変貌の跡を概観しておきたい。また、コジモがフィレンツェ共和国の統治にどのようにかかわったか、それも必要な範囲で眺めておきたい。共和国統治へのコジモの寄与は、その事業に支えられてはじめて可能になったとみられるからである。

第三章　十三、十四世紀のフィレンツェとメディチの事業の創業

一　十三、十四世紀のフィレンツェ

遠く古代ローマの植民都市にさかのぼる歴史をもつフィレンツェが、トスカーナの、さらにはイタリアの主要な都市のひとつに数えられるようになったのは十二世紀から十三世紀にかけてのことだとみられる。欧州の多くの国々で商業活動が次第に活発に営まれるようになった時代である。現世的な成功の機会がひらかれ、それをつかむべくいくつもの都市に、とりわけ北イタリアの諸都市に新たな事業家が出現しはじめた時代でもある。

フィレンツェもそのひとつであり、数多くの事業家があらわれていたが、やがて、かれらなかからイタリア半島内のみならず、アルプスの北や地中海西岸にまで事業の範囲をひろげる一族があらわれる。本書の「はじめに」でも言及したバルディやペルッツィ、アッチャイウォーリ等の一族である。おりから増大していたフィレンツェの上質の毛織物への需要は、より多くの羊毛を手当てする必要を生ぜしめた。この必要に応えるため、かれらは遠くロンドン、ブリュージュ、バルセローナなどの交易の要所に拠点を開設し、羊毛の買付けとフィレンツェで織り上げられた毛織物の販売を手がけるようになったのである。かれらはまた、穀物と香辛料の買付けや家具、タペストリーなどの装飾品の販売も手がけた。そして、こうした事業がもたらした収益を、英国国王をはじめとする王侯貴族や聖職者に貸し付け、そこからも大きな利を得ていた。[1]

つまりフィレンツェでは、メディチの事業が本格的に立ち上げられた十四世紀後半よりかなり以前から、毛織物業、遠隔地交易、そして金融が大がかりに営まれていたのである。人口も十二世紀後半の二万五千人から十三世紀半ばには五〜六万人に、そして十四世紀前半には十万人近くにまで増加したといわれる。ダンテが生きた時代の、また、ボッカッチョが生を享けたころのフィレンツェでもある。

さて、そのようなフィレンツェを囲むイタリア半島の様子はどのようであったか？

イタリアが今日のような統一国家となったのは十九世紀後半、わが国でいえば、明治維新の頃とされる。ただし、いつをもって統一国家が成立したとするか、それについては諸説がある。サルディーニア王国国王ヴィットリオ・エマヌエーレ二世がナポレオン三世の支援を得てイタリア半島からオーストリアの勢力を排除し、さらに、シチリア、ナポリを解放したガリヴァルディ率いる〈千人隊〉と他の諸国の連合を支配下においた一八六一年をもって統一国家イタリアの誕生とみる説が有力である。けれども、一八六六年のヴェネト地方（ヴェネツィア）併合をもって統一国家イタリア誕生とする説もある。いずれにせよそれまでは、いくつもの国々が分立し、しばしば、たがいに争っていた。ナポリ王国、ヴェネツィア共和国、ミラノ公国、ジェノヴァ共和国、そしてフィレンツェ共和国等のいくつもの都市国家が分立し、離合集散をくりかえしていたのである。ローマ教皇領もそのひとつであった。くわえて、アルプスの向こうの二つの大国、神聖ローマ帝国とフランス

1　これらの一族は、欧州にひろく事業の拠点をもって交易と金融を営んでいただけでなく、自ら工房も所有して毛織物業も営んでいた。こうした点をとらえてハントとマレーが、かれらを “super company” と呼んでいたことは先にも註記したとおりである。

が領土的野心をもって触手をのばし、イタリアにおける諸国の離合集散のなかに割って入ろうとしていた。

フィレンツェは、そうした離合集散のなかに身をおいていた都市国家のひとつであり、したがって、一共和国としてどこにも従属することなく存続していくためには、イタリア半島内の他の国々に、さらには、神聖ローマ帝国やフランスにつけ入るスキを与えないように国内がしっかりと統治されていなければならなかった。実情は、しかし、ほど遠いありさまであった。経済的な活況をよそに十三世紀のフィレンツェでは、イタリア内外におけるローマ教皇と神聖ローマ帝国皇帝の対立に呼応するように、旧来からの貴族や封建領主達が二つの党派に分かれ、国の統治の実権を掌握すべく、抗争をくりかえしていたのである。教皇派《グエルフィ》（Guelfi）と皇帝派《ギベッリーニ》（Ghibellini）の二派である。

両派の抗争は何度かの凄惨な争いの末に、教皇派《グエルフィ》の勝利というかたちで決着するが、その勝利は毛織物業や商取引、また金融で成功した富裕な平民達《ポーポロ・グラッソ》（*popolo grasso*）、あるいは有力な平民達《ポーポロ・グロッソ》（*popolo grosso*）が同派の支持にまわったことによってもたらされたといわれる。このことからも想像されるように、共和国統治の実権もやがて、旧来からの貴族や封建領主ではなく、そうした平民達が握るようになる。一二八二年に平民政府が打ち建てられたことはその端的なあらわれといってよい。[2]

この平民政府による統治の枠組をなすのは〈プリオーレ制〉と呼ばれる独特の共和制である。[3] 六名（一三四三年以降は八名）のプリオーレ（*preore*, 執政官、統領とも）とかれらを束ねる役

2 正確を期すなら、この政府は第二次平民政府といわねばならない。というのも、一二五〇年にも一度、平民政府が打ち建てられているからである。ただし、このときの平民政府は十年後にギベッリーニによって転覆させられたという。

3 十三世紀末から十五世紀にかけてのフィレンツェ共和制の特徴は Rubinstein（1966），（1968）において詳細に考察されている。以下の説明もこれら二篇と根占（1999）に多くを負っている。

割を負ったゴンファロニエーレ・デッラ・ジュスティツィア——既述のように市政の長官といってよい——が市政の頂点に立ち、フィレンツェを統治したのである。かれらがシニョリーア（*signoria*）を、つまり、共和国政府の中枢を構成していたといってもよい。必要に応じて国政の最高議決機関とされる全市民集会《パルラメント》（*parlamento*）が招集されたが、シニョリーアの提案を拒否することはできなかったという。最高議決機関とはいうものの、全市民の同意を与えることでシニョリーアの提案を正当化すること以上の役割は期待されていなかったといってよかろうか。

そして、急ぎ記しておかねばならないのは、プリオーレやゴンファロニエーレ・デッラ・ジュスティツィアをはじめ市政の要職に就く者が、つまりシニョリーアが抽選で指名されることであり、それが、この共和制に独特の特徴をなす。有資格者の名札を入れた袋からつかみ出された者がプリオーレやゴンファロニエーレ・デッラ・ジュスティツィアに、また、他の要職に指名されたのである。しかも、職位によって長短はあるものの、任期はきわめて短かった。長いものでも一年、多くはたった二か月とされていたのである。また、同一人が、つづけて指名されることを禁じる決まりも定められていた。一度、ある公職に就いた者は原則として退任後、三年が経過するまで、抽選の対象から除外されたのである。プリオーレやゴンファロニエーレ・デッラ・ジュスティツィアは、さらに、任期中、市庁舎で寝食を共にしなければならず、外部との接触を厳しく制限されたともいわれる。

特定の人物ないしその一族が長期にわたって市政の実権を掌握するという事態を許さず、

また、誰によるものであれ、外部からの影響力の行使も許さない統治の枠組が形づくられていたといえようか。特異なものと映るであろうが、とにかくこれがフィレンツェの共和制の骨格をなす枠組であり、統治の理念であった。

さて、このような共和制を打ち建てた富裕で有力な平民ではあるが、旧来からの貴族や封建領主達の力をすっかり削ぎ落とすことに成功していたわけではない。かれらは依然として平民政府を脅かす力を保持していたのである。そのため一二九三年、時のシニョリーアはひとつの規定を宣言し、かれらの影響力を封じ込めようとした。[4]当時、組織されていたアルテ（*arte*）のどれかの成員とならないかぎり、いかなる公職に就くこともできないという規定を設けたのである。アルテの成員であることがプリオーレをはじめとする要職に就き、市政を動かすための不可欠の要件にされたといってもよい。

そのアルテとは、同業者組合のこと。毛織物業や絹織物業であれ、あるいは薬種商や靴屋であれ、ある生業を営む者に製品の品質や雇い人の就労に関する基準を、また価格についての協定を遵守させて同業者の間に秩序を維持し、利益を確保しようとした団体である。実際、組合は基準や協定を守らない者を処分する権限を持ち、とくに、粗悪な製品を引き渡した者については共和国政府に提訴することができたという。クルーラスが述べるように、「フィレンツェがその〔毛織物、絹織物などの〕製品の質において郡を抜いて」いたのは、「アルテと呼ばれる同業〔者〕組合が品質に目を光らせているから」であったといってよいのかもしれない。[5]いずれにせよ、毛織物業や絹織物業、交易、そして金融等の事業が

4 〈正義の規定〉（*Ordinanza della Giustizia*）と呼ばれる規定がそれである。

5 クルーラス（1982）、大久保訳、二六頁。

盛んに営まれるようになった十二世紀末以降、つぎつぎに結成され、平民政府が打ち建てられた十三世紀末のフィレンツェには、二十一のアルテ——七つの有力なアルテ（大アルテ）と十四の中小アルテ——が存在した。(6)

新たに設けられた規定は、このようなアルテが市政の実権も握ることを可能にしたのである。この点で、ただし、二十一のアルテがすべて同等の存在だったわけではない。とくにプリオーレをはじめとする市政の要職の選出母体としては、大アルテが優位な地位を占めていた。なかでも、三大アルテといわれた組合、毛織物貿易商組合《アルテ・ディ・カリマーラ》（*Arte di Calimala*）、毛織物製造業者組合《アルテ・デッラ・ラーナ》（*Arte della lana*）、両替商組合《アルテ・デル・カンビオ》（*Arte del cambio,* 銀行組合とも）が圧倒的に優位に立っていたといわれる。このことは市政の要職に就く者をすべての有資格者から抽選で指名するという共和制の枠組にも、実のところ、種々、作為を、もしくは裁量を働かせる余地もあったことをうかがわせる。

事実、ルービンシュタインによれば、中小アルテの成員にも指名される可能性が開かれていた公職は全体の四分の一にすぎなかった。すくなくとも十四世紀末以降はそうであったとされる。また、ゴンファロニエーレ・デッラ・ジュスティツィア、つまり市政の長官は、つねに大アルテの成員から指名されることになっていたし、プリオーレの指名についても大アルテを有利に扱うため、次のような手はずが整えられていたという。

プリオーレを指名するための抽選それ自体はポデスタ（*podesta*）と呼ばれた役人によって行われるが、それに先立って有資格者の名札は大小二つの袋に分けて入れられた。これら

6　森田によれば、二一のアルテというのは、カリマーラ組合（旧商人組合、毛織物貿易商組合）、羊毛組合（毛織物製造業者組合）、銀行組合（両替商組合）、ポル・サンタ・マリア組合（絹織物組合）、医師・薬種商組合、毛皮商組合、裁判官・公証人組合の七つの大アルテと食肉組合、鍛冶師組合、靴職人組合、石工・木工師組合、古着商・麻織物組合、葡萄酒商組合、宿屋組合、革なめし工組合、食料油商組合、馬具・楯工組合、錠前屋組合、武具・甲冑師組合、木材商組合、パン屋組合の一四の中小アルテである。森田（1999）二五頁。

のうち小さな袋、ボルセッリーノ（*borsellino*）と呼ばれた袋には大きな方にくらべ、かなりすくない数の名札しか入れられず、しかもそこから八名のプリオーレのうち三名が選び出された。大きな袋に入れられた名札ないし有資格者にくらべ、プリオーレに指名される確率が高くなるようにお膳立てされていたのである。そして、二つの袋のそれぞれにどのアルテに属するだれの名札を入れるかという振り分けが、アッコッピアトーリ（*accoppiatori*）と呼ばれる人びとによって行われたという。シニョリーアからこの振り分けを委任された人びとである。

　つまり、アッコッピアトーリの裁量によって、おそらくはシニョリーアの意を汲んだ裁量によって、大アルテないし有力なアルテを有利に扱うことができるようになっていたとみられるのである。(7) ルービンシュタインの表現を借りていえば、作為の働く余地のない抽選ではなく、裁量的な〈手による選出〉（election *a mano*）が行われていたということもできよう。(8)

　当時のフィレンツェには、ただし、こうして有利に扱われた大アルテはもとより、中小アルテも含めてどのアルテにも属さず、したがって市政から置き去りにされてしまいがちな多くの民衆がいたのも事実である。たとえば、毛織物業の末端で働き、洗毛や梳毛《そもう》等の作業に従事していた職工たちのように。梳毛工の呼称をとってチョンピ（*ciompi*）と呼ばれ、無力な人びと《ポーポロ・ミヌート》（*popolo minuto*）とも呼ばれたかれらの暮らし向きは苦しく、貧困と病に打ちのめされる日常であった。後述する飢饉や黒死病蔓延のおり、もっとも深刻に打ちのめされ

7　Rubinstein（1968), pp. 453-454, 根占（1999)、八三～八五頁。なお、後述するようにコジモの時代のメディチは、アッコッピアトーリがかれらの意を汲んで裁量するようにうながされる状況をつくり出し、その統治の足固めをしたとみられる。なお、現代イタリア語の *accoppiatura* ないし *accoppiamento* からすると *accoppiatore*（*accoppiatori* はその複数形）は組み合わせること、もしくは組み合わせをつくることという意味をもつ語であると思われる。

8　これは、ルービンシュタインがその著書 Rubinstein（1966）においてしばしば用いている表現である。

たのもかれらである。

こうしてみると、共和制とはいいながら、フィレンツェのそれは、市政に参画する機会が無力な人びと《ポーポロ・ミヌート》も含めた民衆にひろく開かれた共和制ではなかった。富裕で有力な平民、とくに三大アルテの成員である富裕な商工業者や金融業者による支配、それがフィレンツェ共和制の実体であったといってよいであろう。けれども、特定の人物やその一族によって長期にわたって専政が布かれるのを許さないという理念のもとに形づくられた共和制であったこと、それは間違いない。そして、次章で紹介するように、コジモによる共和国の統治、三十年もの間つづいた統治は、また、息子のピエーロ（一四一六～一四六九年）と孫のロレンツォ（一四四九～一四九二年）の時代も含めていえば、半世紀以上にわたってつづいたメディチによる統治は、それがフィレンツェの人びとになにをもたらしたにせよ、共和制のこうした理念と相容れないものであったこと、それも間違いない。

なお、毛織物貿易商組合――大きな商店が立ち並んでいた通りの名前を取って、カリマーラ（Calimala）組合とも呼ばれた――はもっとも有力で、組合員には先にも触れたペルッツィのような事業家が名を連ねていたとされる。また、アルテは、とくにこのカリマーラ組合のような大アルテは、いずれ触れるように教会の造営、改修や困窮している人びととのための施設の建設と運営に競い合って多額の寄進をした。ルネサンス期フィレンツェの有力なパトロンのひとつでもあったのである。

二　ムジェッロからフィレンツェへ

さてそのメディチは、このようなフィレンツェにおいて、いつ、どのようにして事業を立ち上げ、やがて、有力な一族のひとつとして認められるにいたったのだろうか。

八世紀後半から九世紀初頭のフランク王国国王カール大帝につき従った騎士アヴェラルドが、コジモをはじめとするメディチ一族の始祖であるという言い伝えがある。勇敢な騎士アヴェラルドは、トスカーナ地方で残虐非道な振舞いをくりかえしていた巨人ムジェッロを打ち倒した。カール大帝はアヴェラルドをたたえ、また、巨人がこん棒を打ち降ろしたときに楯についた丸い痕跡を、紋章として用いることを許したという。それがメディチ家の紋章の由来だというのである。

これは、もとより家柄を美化するためのつくり話であり、始祖がだれであるか、また、出自の地がどこであるか、たしかなことは分からないようである。けれども、メディチ家の始祖は、フィレンツェの北三十キロメートルほどのところに位置し、巨人と同じ名前をもつムジェッロ（Mugello）という集落の出であるといわれることが多い。すくなくとも、ムジェッロと縁が深かったことは間違いないとみられている。というのも、十三世紀後半から十四世紀初頭にかけていく人ものメディチ一族が、トスカーナ地方の他のどこでもなくムジェッロに農地や森を購入し、館も建てており、十四世紀後半にはムジェッロでもっとも大きな地主となったとされるからである。そして、森田によれば、このことが記されているのは一族のひとり、フィリーニョ・ディ・コンテ・デ・メディチの『備忘録』(*Libro memorie*, 一三七三年)であり、たしかなこととみてよいという。[9] コジモもムジェッロに別荘を持ち、そこで過ごせる日々を心待ちにしていたようである。

一方、コジモに連なるメディチの祖先達が何を生業としていたか、これも、定かでない。しかし、医師や薬種商を指す言葉 *medico* ないしその複数形 *medici* が家名になっていることからすれば、そのような生業であったとみる説が有力である。紋章となっている楯の上の六個から八個の赤い球も巨人ムジェッロの打ち降ろしたこん棒の跡ではなく、丸薬をあらわすものとみる方がより、説得的だといえようか。いずれにせよ、かれらの一部は十二世紀後半にはフィレンツェに居を構え、また、街の中心で両替商を営み、成功していたという。十三世紀初頭には公職に就いた人物のあったことも知られているし、一二八二年には一族のひとりがプリオーレに選出されるまでになっている。[10] もともとはムジェッロの医師、あるいは薬種商であったとしても、十二世紀後半から十三世紀初頭にかけてフィレンツェに移り住み、両替商を営むようになっていたとみてよいであろう。

ところで、ながくくりかえされた教皇派《グエルフィ》と皇帝派《ギベッリーニ》の抗争は、十三世紀末に、教皇派《グエルフィ》の勝利という形で決着し、かれらを支えた富裕で有力な平民達が市政の、あるいはフィレンツェ共和国統治の実権を掌握するにいたったことは、すでにみたとおりである。しかし、世

9 森田(1999)一四〜一五頁。

10 これらのことも先に註記した『備忘録』に記されていることである。なお、メディチ一族の家系は三つの血脈からなっている。ボーナジェンタ(Bonagiunta)、キアリッシモ(Chiarissimo)、アヴェラルド(Averardo)——巨人ムジェッロ打ち倒したとされる騎士アヴェラルドではない——をそれぞれの始祖とする三つである。これらのうち、コジモや父ジョヴァンニはアヴェラルドの血脈に属する。また、後述するようにジョヴァンニと共にメディチの事業を創業したヴィエーリ・ディ・カンビオはキアリッシモの末裔であり、ジョヴァンニやコジモからみれば、遠縁ということになる。

紀が改まると、今度は教皇派《グエルフィ》が二派（白党、黒党）に分かれ、平民達も巻き込みながらたがいに争うようになる。しかも、歯向かう者は殺戮することも辞さない乱暴な仕方で争ったという。森田も紹介しているようにその振舞いは、とりわけ一部の富裕な平民達の粗暴で他を見下した振舞いはダンテに、

フィオレンツァ、成上《なりあ》りの俄大尽《にわかだいじん》どものために
君のうちに傲岸不遜《ごうがんふそん》の風《ふう》が生じ、
そのために君はすでに泣き、すでに苦しむ

と憤らせたほどであったらしい。[11]

メディチ一族のなかにも粗暴で、ダンテをこのように憤らせた者がいたともいわれる。[12]その一方で、しかし、両替商ないし金融業者としては着実に地歩を固め、成功する者も一族のなかにあらわれている。また、すこし前に紹介したように、十三世紀末にはプリオーレに選ばれる者も出るようになっていたが、その数は十四世紀前半になると三十名近くにも達したという。とはいえ、事業家としてはバルディ、ペルッツィなどの先達たちに遠くおよばない存在でしかなかったし、共和国の統治、あるいはフィレンツェの市政についてみても、大きな影響力をもっていたアルビッツィ（Albizzi）やストロッツィ（Strozzi）の一族に比肩されるような一族ではなかった。なお、これら二つは、とくにアルビッツィは、後

11　森田（1999）、三四頁。ただし、ダンテ『神曲』地獄篇、一六歌からの引用は、平川訳、一一三頁によっている。なお、ダンテ自身もこの争いに巻き込まれ、一三〇二年、フィレンツェから永久に追放されてしまう。ダンテが属していた白党は結局、黒党に敗れてしまうが、その黒党からダンテは公金を無断で使い込んだとして二年間の追放と五百フィオリーニの罰金支払いを命じられた。ダンテはこれを不服として従わなかったために、永久追放となってしまったのだという。そして、二十年近くもの間、流浪を余儀なくされた後、一三二一年、ラヴェンナで世を去っている。

12　森田（1999）、三二頁。

にコジモをフィレンツェから追放すべく画策した一族でもある。

さて、ダンテの憤りにもかかわらず、十四世紀前半にフィレンツェの繁栄は一旦、その頂点に達する。毛織物業や絹織物業は活況を呈し、その事業に、また交易に資金を提供した金融業者の数も、八十ほどにもなっていたとされる。人口も十万人近くに達しており、フィレンツェはイタリアのみならず、欧州全体のなかでも有数の大都市になっていたのである。

様子は、しかし、一三三〇年代以降、一変する。百年戦争が始まり、先にも触れたバルディとペルッツィの事業、フィレンツェでもっとも有力であった二つの一族の事業が破綻してしまう。この戦争を仕掛けた英国国王エドワード三世への巨額の貸し付けが回収不能となったことによって引き起こされた破綻であったとされる。くわえてトスカーナ地方で飢饉が相次ぎ、疲弊した農村から大勢の人びとが難民として流れ込んだ。[13] バルディ、ペルッツィの破綻も、英国国王への貸し付けが回収不能になったことだけでなく、かれらが穀物の取引から得ていた大きな収益が、相次いだ飢饉の余波で失われてしまったことの結果でもあるといわれる。[14]

そして、こうした内憂外患に追い打ちをかけるように黒死病がくりかえしおそいかかった。一三四八年、シチリアで発生した黒死病は、全欧州にひろがり、フィレンツェにかぎってみても、五九年、六三年、七四年、八三年と息つくひまもなく何度もおそいかかったのである。その惨状をわたし達は『デカメロン』の「第一日、序」から何ほどかうかがい

13　農村の疲弊については、富裕層がより有利な投資機会となった毛織物業や遠隔地交易に資金を投じるようになり、農耕・牧畜には眼が向けられなくなったことが一因であったといわれる。

14　大洪水（一三三三年）や不順な天候のせいで一三三〇年前後につづいた不作の結果、穀物価格が高騰した。北イタリア諸都市の政府は、この価格の高騰によって引き起こされるであろう悲惨な事態を回避すべく、南イタリアやシチリアから穀物を自ら買いつけるようになり、そうした穀物の取引を手広く行っていたバルディ、ペルッツィは大きな収益源を失ってしまう。ハントとマレーはこのことが、かれらを破綻に追い込んだ原因のひとつ、おそらくは英国国王への貸し付けが回収不能となったこと以上の原因であったとみている。Hunt & Murray (1999), pp. 116-119.

知ることができるのかもしれない。[15] 四万人にものぼる人びとが犠牲になったとされる。[16]

そのうえ、教皇庁がアヴィニヨンに置かれていた時代の最後の教皇グレゴリウス十一世（在位一三七一〜一三七八年）はローマに帰還後、トスカーナ南部に教皇領の拡張を企てる。これはフィレンツェ共和国にとって容認できない脅威であり、武力にうったえて抵抗するが敗れてしまう。〈八聖人戦争〉（一三七五〜一三七八年）である。武力をもって教皇に歯向かったフィレンツェ市民はすべて破門され、アヴィニヨンで商取引や金融を営んでいたフィレンツェの事業家達の財産も没収されてしまう。教皇の領土的野心が、すでに飢饉や黒死病の蔓延で極度に疲弊していたフィレンツェの経済そして社会に追い打ちをかけたのである。そうしたなかでメディチだけが例外でありえたはずはなく、その家業も衰退の一途をたどるかにみえたという。

けれども、もっとも深刻な状況に追いやられたのは無力な人びと《ポーポロ・ミヌート》、あるいはチョンピと呼ばれた人びとである。既述のように、たとえば、毛織物業の末端で、洗毛や梳毛等の作業に従事していた職工たちであり、どれほど貧しさと病に打ちのめされていても支援の手を差しのべるよう政庁を動かすことは、かれらには容易でなかった。どのアルテにも属しておらず、したがって、市政に参画する途が閉ざされていたからである。

困窮、疲弊にたえきれなくなったかれらは、ついに蜂起する。一三七八年七月、大アルテに属する富裕で有力な商工業者の手に握られていた市政を覆すべく、中小アルテの組合員とも連携して市庁舎を占拠し、時のプリオーレ達を追い出してしまったのである。これ

15 ボッカッチョ『デカメロン』、河島訳、上巻。なお、ボッカッチョの父は上記バルディに雇われていたという。

16 欧州全体の犠牲者は、二千五百万人、当時の人口の三〜四割にのぼったといわれる。

が〈チョンピの乱〉(Il tumulto dei ciompi)。ただし、こうした民衆の蜂起の多くがそうであるように、その支配は長くはつづかない。かれらのなかの足並みの乱れから、ひと月ほどで崩壊してしまったのである。とはいえ、以後、富裕層にとって、困窮し空きっ腹をかかえている人びとの腹を満たすことは、何はさておき、なさねばならないことだと意識されるようになったという。そして、事業から得たものの一部を取り置き、困窮している人びとのために差し出すことが半ば慣行的に行われるようになったとされる。オリーゴも指摘するように、貧しい隣人や同胞への愛からというより、かれら自身の保身のためであったにせよ。[17]

ところで、この〈チョンピの乱〉は、アルビッツィやストロッツィ等、市政の実権を掌握していた名門一族の影響力を一掃しようと目論んだ新興商工業者の後押しによって起こされたともいわれる。また、その中心にいたのがメディチ一族のサルヴェストロ・デ・メディチであったといわれることもある。定かなことは分からないが、たまたまこのひとが、〈チョンピの乱〉の直前にゴンファロニエーレ・デッラ・ジュスティツィア、つまり市政の長官であったからかもしれない。サルヴェストロは、ただし、向こう見ずで身勝手な煽動者でしかなかったとみる人も多い。[18]

ともあれ、〈チョンピの乱〉以後、メディチ家は、ながく市政から置き去りにされてきた民衆の記憶に残り、かれらの側につく者、かれらを見捨てることはしない一族であるとみられるようになったという。やがて、衰退の一途をたどるかにみえた家業も復活し、よ

17 Origo (1962), pp. 102-104.

18 事実、森田によれば、〈チョンピの乱〉が鎮圧された後、サルヴェストロは国外に追放され、そのフィレンツェへの影響力はあっさりと断たれてしまったという。森田(1999)、四九頁。

り大きなものになっていく。それは、ただし、サルヴェストロ・デ・メディチではなく、ヴィエーリ・ディ・カンビオの働きによる。

三　メディチの事業の創業
――ヴィエーリ・ディ・カンビオとジョヴァンニ・デ・メディチ

ヴィエーリ・ディ・カンビオ・デ・メディチ（一三二三～一三九五年）は、サルヴェストロと同じ血筋をひくメディチ一族のひとり。ただし、サルヴェストロのように、市政をめぐって何かを画策し、煽るような人物ではなく、四十年あまりにわたってひたすら、交易や金融の事業に専念したとされる。その間、イタリア半島内ではヴェネツィアとジェノヴァに、また、アルプスの北、ブリュージュにも拠点を立ち上げて事業の拡張に成功している。有能なひとであったにちがいない。ヴィエーリ・ディ・カンビオはさらに、ローマにも拠点を立ち上げ、やがてメディチの事業を資金面から支えるようになる教皇庁との緊密な関係の下地をつくることにも成功している。

ヴィエーリ・ディ・カンビオは、また、各地に事業の拠点を立ち上げるに際して、それを委ねるに足る人材を探し出してソキエタスを組み、雇い人としてではなく、共同経営者《パートナー》として遇している。つまり、どれだけかの資金を出資させ、その出資割合に見合った利益を、ときにはそれ以上の利益を分配したのである。また、そのことを通して事業成功への努力をかれらにうながした。共同経営者となった人びともそれによく応えたという。ヴィエーリ・ディ・カンビオはひとをみる眼にもすぐれていたのであろう。多くの書物で〈メディチ銀行〉の創業者と呼ばれているコジモの父ジョヴァンニ・デ・メディチも、このひとに雇われ、やがて、ローマの拠点の共同経営者となっている。ジョヴァンニが事業家として歩みはじめる機会はヴィエーリ・ディ・カンビオによって与えられたといってよい。

こうしてみれば、メディチの事業を創業したのはだれかと問われるとき、ジョヴァンニだけを名指しするより、ヴィエーリ・ディ・カンビオの名も挙げる方が、むしろ、適当であろう。いずれにせよ、コジモの時代に繁栄の頂点に達するメディチの事業は、このひとの働きなしにはありえなかったのはまちがいない。

なお、メディチの事業に触れた書物の多くで、ローマやブリュージュなど各地に立ち上げられた事業の拠点は支店と記されている。これは、しかし、誤解を招きかねない表現である。先程、述べたように、各拠点は、これぞと見込まれたひとに一部出資させて立ち上げられ、そのひとにはすくなくとも出資比率に応じた利益が分配された。業務の執行も多くはその裁量に委ねられた。今日の銀行や商社の支店長とはまったく異なる共同経営者なのである。したがって、各地の事業の拠点は多国籍企業が設立した現地法人に近いものとみるのが適当であろう。

19　今日では、少数の大口顧客だけを対象に通常の銀行業務（預金の受け入れ、貸し付け）を行う他、投資顧問業務や企業の合併、買収（M&A）の仲介などを手がけるようになっているといわれる。

20　ド・ルーヴァーは、メディチのような事業家を、しばしば、merchant banker と呼んでいる。

21　なぜこのようにも呼ばれたか、はっきりしたことは分からないが、クルーラスは、ダンテの時代の高利貸しの名前が流用されたのかもしれないと示唆している。クルーラス（1982）、大久保訳、四三頁。けれども森田によれば、ビッチ（*bicci*）という形容は、古いフィレンツェの方言 *bicciare*、つまり、激しくぶつかるという言葉に由来しており、そのことが示唆するように「頑固で闘争的な人物」であったかもしれないという。森田（1999）、六四頁。

また、メディチの事業を〈銀行〉と呼ぶのも、必ずしも適当ではない。いずれ触れるように、メディチは、毛織物、絹織物の織元であり、実に多くの商品を扱う間口のひろい商社でもあった。もちろん、資金の貸し付けや遠隔地交易に不可欠な為替手形の引き受けも行った。したがって、〈銀行〉と呼ぶのはまったくの的外れではないが、その場合も、十八世紀のロンドンで、貿易にかかわる金融、とくに為替手形の引き受けを主たる業務とした金融業者の先駆けをなす存在という意味で、マーチャント・バンクと呼ぶ方が適当であるかもしれない。[19] とにかく、その多様な事業をひとつの呼称で代表させようとすることには無理があり、本書では、単に、メディチの事業と言い表すことにする。[20]

さて、ジョヴァンニ・デ・メディチ（一三六〇～一四二九年）――しばしばジョヴヴァンニ・ディ・ビッチとも呼ばれた――が一族の事業に関わり始めたのは、遠縁にあたるヴィエーリ・ディ・カンビオに見出され、ローマの拠点に雇い入れられた一三八五年以降のことである。[21] ただし、すでに紹介したように、その仕事ぶりが認められてか、翌年には共同経営者に指名されている。なお、そのおりの出資金には、同じ年に妻として迎えたピッカルダ・デ・ブエーリの婚資千五百フィオリーニが充てられたといわれる。なお、ここでフィオリーニ（*fiorini*）とは、フィレンツェで一二五二年から用いられるようになった通貨（金貨）フィオリーノ（*fiorino*, 以下では適宜fと表記する）のこと。フィオリーニはその複数形である。[22]

三年後にヴィエーリ・ディ・カンビオが事業から退くと、ジョヴァンニはローマの拠点

22　フィオリーノは、また、英語の表記を用いてフローリン（**florin**）と記されることもある。なお、当時のフィレンツェでは、このフィオリーノの他にピッチョロ（*picciolo*, 複数形はピッチョリ *piccioli*）という銀貨も流通していて、次のように使い分けられていたという。すなわち、食料であれ、衣類であれ、比較的安価な日常の品々の売り買いにはピッチョロが使われ、毛織物業における梳毛工のように安い賃金で働いた職工達の手当もピッチョロで支払われた。他方、家屋など値の張るものの取引にはフィオリーノが用いられた。この使い分けは、また、厳格に行われたとのことで、高額の取引を、いわば庶民の通貨であるピッチョロで決済することは一切、行なわれなかったという。メディチがかかわるような商取引や交易の決済には、もっぱら、フィオリーノが用いられていたのである。

を受け継ぎ、自身の事業として立ち上げる。その際、ベネデット・デ・バルディを共同経営者として迎え入れているが、このひとは、これまでに何度も言及してきたバルディ一族のひとり。以後、長く片腕となり、ジョヴァンニを支えつづけたといわれる。やがてジョヴァンニは全体を統轄する本拠をフィレンツェに開設して事業の体制を一新する。その際、ジョヴァンニが八千フィオリーニを、それまでと同様に共同経営者として、また、総支配人として信認されたベネデット・デ・バルディが二千フィオリーニを出資したという。一三九七年十月一日のことである。先に断ったようにここではその表現は用いないが、このことをもって一三九七年を〈メディチ銀行〉創業の年とみるひとも多い。

なお、ヴィエーリ・ディ・カンビオの事業のすべてがジョヴァンニによって引き継がれたわけではない。一部はジョヴァンニの甥、したがってコジモにとっては従兄弟にあたるアヴェラルド・デ・メディチ（一三七二～一四三四年）に受け継がれた。アヴェラルドもジョヴァンニと同様に、ただし別個に、毛織物やさまざまの商品の交易を幅広く手がけたが、二人の事業はたがいに張り合うのではなく、協調して営まれる場面もすくなくなかったという。[23] また、次章で触れるように、フィレンツェの統治にかかわることについては、アヴェラルドは一貫してコジモに忠実であったといわれる。そのためコジモと弟のロレンツォ（一三九五～一四四〇年）がフィレンツェから追放されたおり（一四三三年）、アヴェラルドも共に国外追放となっている。

さて、ジョヴァンニは本拠の開設につづいて、事業の拡張に着手した。まず、既存のロ

23 de Roover (1963), p. 37.

24 ド・ルーヴァーによれば、ナポリとガエータの拠点は、第三者に対する債務についてメディチの負う責任を、出資額を限度とする有限責任とするという契約の下で立ち上げられたという。支配人ないし共同経営者だけでなく、メディチも無限責任を負うことになっていたローマ、ヴェネツィアの拠点に較べ、関与の程度は低く抑えられ

ーマにくわえて新たにナポリとガエータに拠点を立ち上げ、さらにヴェネツィアにも立ち上げた。[24] 一四〇〇年から一四〇二年にかけてのことである。フィレンツェでは、また、二つの工房を買い取り、自ら毛織物業も始めている。そして、フィレンツェの本拠にジョヴァンニとベネデット・デ・バルディが常駐して、大きくなった事業全体の統轄に専念した。フィレンツェ本拠は、つまり、織物業であれ、交易や金融の業務であれ、自ら直接、携わることはせず、各拠点を立ち上げるに際して資金の過半を出資してそれらを支配し、統轄することに専念したのである。それゆえ、ド・ルーヴァーも指摘するように、後の持株会社の先駆けをなす存在であったといってよいかもしれない。[25] いずれにせよ、利益は飛躍的に増大し、ジョヴァンニないしジョヴァンニを当主とするメディチ一族は、保有する資産においてフィレンツェでも屈指の一族となった。事業の体制一新と拡張は成功したのである。[26]

わたし達は幸い、フィレンツェに今も保存されているメディチ家関連史料のなかに見出された三冊の帳簿を通して、一三九七年から一四五一年にかけての事業の詳細な記録に接することができる。フィレンツェに本拠が置かれた年からメディチの事業が成功の頂点に達した頃までの記録である。なお、これら三冊の帳簿は、レイモン・ド・ルーヴァーが、やはりメディチについての研究に携わり、後に夫人となったフローレンス・エドラーとともに一九四九年から五二年にかけて右記史料と、それも膨大な量の史料のジャングルと格闘したすえに発掘したものだという。[27]

たといってよいであろう。なお、こうしたソキエタスないしパートナーシップはアコマンダ（*acoomanda*）と呼ばれたという。de Roover (1963), p. 43.

25 de Roover (1963), pp. 1, 6.

26 わたし達はこのことを前章で言及したモンテ・コムーネと呼ばれる国庫補塡のための基金への拠出割当額の推移から、つまり、断続的につづいた近隣諸国との抗争によって深刻になった共和国財政の危機的な状態を打開するために行われた拠出割当額の推移からうかがい知ることができる。この割当額は、そのひとの保有する資産に応じて決められていたからである。事実、一三九六年には一四fにすぎなかったジョヴァンニへの割当額は、一四〇三年になると一五〇fに、さらに一四一三年には二六〇fへと増大しているのである。クルーラス（1982）、大久保訳、四六頁。

27 de Roover (1963), p. xii.

さらに幸いなことに、三冊の帳簿はレイモン・ド・ルーヴァーによって仕分けされ、またいくつもの表に集約されてその著書に収録されている。この先達の途方もなく労多かったにちがいない作業のおかげで、わたし達はメディチの事業に関する貴重な情報に多々、触れることができるのである。各拠点の事業と収益の動向だけではない。たとえば、すこし後に言及するように、メディチの事業が、教皇庁との間に保たれた緊密な関係に負うところがいかに大きかったかをうかがい知ることができるのである。なお、これら三冊は、フィレンツェ本拠の総支配人の机に施錠されて保管されていたのだという。いわば機密扱いの帳簿（*libri segreti*）であったとみられる。[28]

そしてド・ルーヴァーによるこうした作業の成果のひとつから、一三九七～一四二〇年の間、つまり、ジョヴァンニが本拠をフィレンツェに開設した後、事業から退くまでの二十数年の間に十五万フィオリーニ余りの利益がもたらされていたこと、また、その四分の一が、つまり出資比率（五分の一）を上まわる部分がベネデット・デ・バルディに分配されていたことが分かる[29]〔表1、表2〕。この十五万フィオリーニ余の利益とは、すべての拠点の利益の総計からそれぞれの支配人ないし共同経営者に分配された分を差し引いた後の金額であり、当然、ジョヴァンニとフィレンツェ本拠の共同経営者であり、事業全体の総支配人であったベネデット・デ・バルディによって分かち合われることになる。また、表中にあるフィレンツェの拠点とは、本拠とは別にこの地に開設されていた事業拠点――ターヴォラ・イン・メルカト・ヌオーヴォ（*Tavola in Mercato Nuovo*）と呼ばれた――を指しており、

28 de Roover (1963), pp. 4, 46.

29 表1、2は、この帳簿からド・ルーヴァーによって作成された二つの表（de Roover (1963), p. 47, Table 8, 9）に基づいて筆者がつくりなおしたものである。なお、クルーラス(1982)、大久保訳、四五～四六頁にも、この帳簿から読み取れることについての説明がある。

表1　拠点別事業収益（1397-1420年）

拠　点	収　益（f）	割　合（%）
フィレンツェ	25,344	16.9
ローマ（教皇庁）	79,195	52.1
ヴェネツィア	22,705	14.9
ナポリ	15,458	10.2
ガエータ	485	0.3
その他	159	0.1
小　計	143,348	94.5
毛織物工房I	1,634	1.1
毛織物工房II	6,837	4.4
小　計	8,472	5.5
合　計	151,820	100.0

表2　事業収益の分配（1397-1420年）

氏　名	分配額（f）	割　合（%）
ジョヴァンニ・デ・メディチ	113,865	75.0
ベネデット・デ・バルディ	37,955	25.0
合　計	151,820	100.0

ジョヴァンニとベネデット・デ・バルディが常駐して事業全体を統轄した本拠と混同されてはならない。

表1からは、さらに、ローマの拠点の利益が全体の半分を超えていることにも気づく。教皇庁に集まる膨大な額の資金――その全容を詳らかにするのは容易でないが、後の章でやや立ち入って説明する――の多くが、他の金融業者ないし事業家ではなく、メディチのローマの拠点に託され、それはまたローマの拠点を介して、他の拠点の事業に投じられた。そして得られた利益が、あるいはその一部がローマに還元される。それがこの、大きな数字となっているのである。手短にいえば、その信認を得て多額の資金を託されるという教皇庁との緊密な関係、それがもっとも大きな収益の機会をメディチにもたらしていたのである。それゆえ、そうした関係を教皇庁との間に築き、維持することは、この時代、フィレンツェのみならずイタリアのすべての都市の事業家達にとって何にも増して成就させたい宿願であったにちがいない。そして、ジョヴァンニはこのことに成功したのである。

ヴィエーリ・ディ・カンビオの共同経営者としてローマにあった若年のころからジョヴァンニは、教皇庁内に強力な人脈をつくることに腐心したとされる。その際、ひとから非難されても仕方のないような手段も辞さなかったともいわれる。後に教皇ヨハンネス二十三世（在位一四一〇～一四一五年）となる人物、バルダッサーレ・コッサに与えた支援がそうであったように。

教皇庁に入り込み、持ち前の才覚を発揮してさまざまの要職を歴任したバルダッサー

30 バルダッサーレ・コッサが告発された罪状については、Holmes (1968), pp. 362-363 に、より詳しい説明がある。

31 この人物が教皇に在位したとされる一四一〇～一四一五年は、他に二人の教皇、グレゴリウス十二世、ベネディクトゥス十三世が並び立っていた。この異常な事態はコンスタンツ公会議において終止符が打たれる。三人の教皇はそろって廃位となり、新たにマルティヌス五世（在位一四一七～一四三一年）が選出されて収束したのである。その際、ヨハンネス二十三世ないしバルダッサーレ・コッサは、退位させられただけでなく、上記のようにいくつもの恥ずべき罪状で告発され、逃亡をはかったが、神聖ローマ帝国皇帝シギスムントに捕らえられてしまう。こうしたことがあってか、後に（一九四七年）、ヨハンネス二十三世の名は教皇表から削除されている。また、第二

レ・コッサは一四〇二年、ボローニアの枢機卿に任じられているが、その赤い帽子はメディチが買い与えたものだといわれたという。さらに教皇に選出されたときには、ジョヴァンニは巨額の資金を用意して支援したという。この人物は、ただし、およそ聖職者にはふさわしからぬ醜聞につつまれており、コンスタンツ公会議（一四一四～一四一八年）において退位させられ、そのうえ、いくつもの恥ずべき罪状で告発された。たとえば、枢機卿に任じられる前、教皇庁の書記官であったバルダッサーレ・コッサは、高利貸同然の金融業者に教皇庁の公金を貸し与え、多額の分け前を、つまりウスラをむさぼったとされる。これは、告発された罪状のひとつでしかないが、職権を濫用してウスラをむさぼったからには、来世において永遠の死を免れることはできない[30]。ジョヴァンニは、そのような人物を手厚く支援することまでして、教皇庁との間に緊密な関係をつくり、維持することに腐心したとされるのである[31]。

メディチの事業にとってぜひとも必要なことであり、事実それは、〈教皇官房付き受寄者総代〉という職位とそれにともなう大きな権益をにもたらした[32]。既述のように、また、後の章で立ち入って触れるように、教皇庁に集まる膨大な資金を託され、その運用にあたるという職位と権益である。とはいえ、ジョヴァンニの胸中に複雑な想いが去来していたとしても不思議ではないし、心労も並大抵のものではなかったであろう[33]。

そうしたこともあってか、また、ながく共同経営者であったベネデット・デ・バルディが一四二〇年に他界してしまったこともあってか、ジョヴァンニは同じ年、事業を二人の

ヴァティカン公会議（一九六二～一九六五年）――すべての大陸から司教や修道会代表が参加しという意味で〈普遍的〉という形容に値するといわれ、後に一九八三年法として結実する教会法の包括的改訂にもつながったとされる公会議――を招集したことで知られているヨハンネス二十三世（在位一九五八～一九六三年）は、もとより、別人である。なお、ジョヴァンニは捕らえられたバルダッサーレ・コッサを、多額の保釈金を払ってフィレンツェに迎え入れ、そのうえ、教皇マルティヌス五世に働きかけてトゥスクルムの司教に叙されるよう、計らったという。Tanner（1990）, pp. 416-418, 森田（1999）、七二～七三頁、中嶋（2000）、二九～三〇頁。

32　この職位の上記呼称はド・ルーヴァーの the Depositary General of the Camera Apostolica という表記によっている。de

息子、コジモと弟のロレンツォに託して、身を引く。そして、一四二九年、病の床につくが、マキャヴェッリによれば、それを不治のものと悟ったとき、息子達を呼び寄せて、次のように語りかけという。[34]

……私が死に際して、何にもまして満足していることは、自分の記憶する限り、私がだれも傷つけておらず、むしろ自分の能力に可能な範囲で、皆に恩恵を施してきたからだ。私はお前たちにも、それと同様にすることを勧めたい。政治については、もしもお前たちが安全に生きるのを望むのなら、法律と人びとが与えるものだけを取るようにしなさい。そうすればお前たちは、羨望もされず危険もないだろう。なぜなら、もしも人が自分には与えられていないものを取ろうとすれば、憎まれることになるからだよ。……こうした術によって、私は多くの敵や反対意見の渦中にありながら、この市における自分の評判を保っただけでなしに、高めてきたのだ。

ジョヴァンニは、教皇庁という巨大で複雑な組織、それぞれに思惑と野望を秘めた多くの聖職者がうごめく世界に踏み込み、ひとのそしりをまぬがれえないようなことも辞さずにさまざまな働きかけをつづけて、緊密な関係を築くことに成功した人物であった。羨望や憎しみを買うような振舞いは控えて地道に日常の仕事にはげみ、「法律と人びとが与えるものだけを取る」ことで満足したひとであったとは思われない。また、自身が望んだこ

Roover (1963), p. 197. なお石鍋は、教皇庁会計院「預金管理者」という訳語を与えている。石鍋（2013）、二二四頁。

33　ホームズによれば、ジョヴァンニは事業家として己のなしたことのなかに罪を問われても仕方のないものがあると承知していて、教皇マルティヌス五世にどのようにつぐなえばよいか、問うたことがあるという。Holmes (1968), p. 380.

34　マキャヴェッリ『フィレンツェ史』、在里・米山訳、一八四頁。

とではなかったとしても、三度、プリオーレに選ばれ、一度はゴンファロニエーレ・デッラ・ジュスティツィアにも指名されている。

そのようなジョヴァンニではあるが、表立ってフィレンツェの市政に関与することは、極力、避けようとしていたといわれる。そして、近しい人びと、とりわけ息子達にも、市政の実権をめぐる抗争の渦中に、あるいは「多くの敵や反対意見の渦中に」飛び込み、「法律と人びとが与えるもの」以上を求めてはなるまいと諭しているのである。息子達は、さて……

ともあれ、ヴィエーリ・ディ・カンビオとジョヴァンニ・デ・メディチという二人の人物を得て、メディチは、いくつもの都市に拠点を立ち上げ、大口の貸し付けや遠隔地交易のための資金提供などを行う〈大きな金融業者〉（*banchia grosso*）としての地歩を固めることができたといってよい。ムジェッロからフィレンツェに移り住んだ頃の、つまり、十二世紀末、あるいは十三世紀初頭のメディチは、もっぱら小額の金を貸しつける〈小さな金貸し〉（*banchi a minuto*）を生業としていたのであろう。貧しい人びとから形を取って、高利で金を貸し、もっとも忌まわしいとされた稼業、〈質屋〉（*banchia a panello*）ではなかったとしても。[35] けれども、十四世紀末、もしくは十五世紀初頭には、〈大きな金融業者〉のひとつに数えられるまでになっていたのである。

いずれにせよ一四二〇年以降、メディチの事業はコジモ、そして弟のロレンツォの手に委ねられ、やがて繁栄の頂点に達する。その事業はどのように営まれたか、そしてメデ

35　質屋が *banchia panello* と呼ばれたのは、門口に赤い旗を、もしくは布地（*panello*）を掲げていたからだという。娼窟とともにもっとも忌まわしい稼業だと蔑まれていたようである。de Roover（1963）, p. 14. また、森田も紹介しているように、両替商や金融業者がバンコ、もしくはターヴォラと呼ばれたのは、*banca* ないし *banco* あるいは *tavola* を、つまり木製の卓を店先において営業していたからであるという。銀行を指す英語、bank もこの *banco* から派生したとされる。森田（1999）、三八頁。

ィチが得た収益は有恕されうるものであったか、仔細に吟味されねばならない。その前に、ただし、前章末で断ったように、コジモのフィレンツェ共和国統治へのかかわりを必要な範囲で眺めておきたい。

第四章　コジモの追放、帰還とメディチ・レジームの形成

一　フィレンツェからの追放と帰還

コジモは大変慎重で真面目な感じの良い人柄〔の持ち主〕で、全く気前が良くて、思いやりがあった。グェルフィ党〔つまり教皇派の党〕と祖国に対立的なことは決してやろうとせず、みんなに恩恵を与えようとしていて、その気前の良さのために、多くの人が彼の仲間に加わった。

これは、フィレンツェ共和国の治世への寄与をたたえるべく、他界後にシニョリーアから〈祖国の父〉（*Pater Patriae*）という尊称を贈られることになるひと、コジモ・デ・メディチについてマキャヴェッリが寄せた文章の一節である。(1) この一節にあるように、「気前が良くて、思いやりが」あり、求められれば庇護と支援を惜しまなかったコジモのまわりには、また、弟のロレンツォ、そして、事業においても、他のことについても二人と手を携えていた従兄弟のアヴェラルドのまわりには多くのひとが集まったという。事業やフィレンツェの市政に関わりのある人びとだけではない。父ジョヴァンニの望みで年少の頃からラテン語を学び、ギリシア、ローマの古典に触れることを好んだかれらの居宅には、いく

1　マキャヴェッリ『フィレンツェ史』、在里・米山訳、一九八頁。なお、本章の末尾でも触れるように〈祖国の父〉は、古代ローマにおいてキケロに贈られたのと同じ尊称である。

人もの文人が、さらに画家や彫刻家、建築家達も盛んに出入りしたとされる。多くの人がかれの、あるいはかれらの仲間に加わって、ときに、〈メディチ党〉と形容される人びとの群れとなり、日ごとに大きくなっていたようである。マキャヴェッリは、それゆえ、以下のようにつづけている。(2)

> そこで彼の模範〔的な人柄〕は、市を統治する人びとへの非難を強めることとなった。

父ジョヴァンニの後を継いでコジモがメディチ家の当主となり、事業を束ねるようになった頃に民衆の胸中にあった好悪の感情が、とくに「市を統治する人びと」に対して抱いていた好悪の感情がマキャヴェッリの記したとおりであったとすれば、その「統治する人びと」がコジモを、また、ロレンツォやアヴェラルドを疎ましく感じるようになっていたとしても、さほど不可解ではない。さらに、やがては、かれらを脅かす存在になりうるとみて、できるだけ早く排除しなければならないと考えるようになっていたとしてもやはり不可解ではない。そして、事実、そのとおりのことが強行された。一四三三年九月七日、三人は逮捕、幽閉され、さらに十月三日、国外に追放されたのである。コジモはパドヴァに、弟ロレンツォとアヴェラルドは、それぞれヴェネツィアとナポリに十年間。逮捕時には、コジモの処刑を主張する者もいたとされるが、メディチを支持する人びとと内戦になることへの懸念から、国外追放になったという。なおコジモは、逮捕後、追放が実行され

2 マキャヴェッリ『フィレンツェ史』、在里・米山訳、一九八頁。

た日までのひと月ほどの間、市庁舎塔屋の石造りの小部屋に閉じ込められていた。一命を絶たれる危険をひしひしと感じていたにちがいない。

コジモ等三名の逮捕と追放は、アルビッツィ一族やストロッツィ一族など、メディチが台頭する以前から市政の実権を掌握しており、時のシニョリーアもその影響下に置いていた人びと、わけてもかれらの頭目とされるリナルド・デリ・アルビッツィによって強行された。なぜ、そうした挙に出たか、はっきりしない点もないわけではない。けれども、クルーラスやケントにしたがっていえば、かれら「市を統治する人びと」は、トスカーナの都市ルッカ攻略を機に、それもかれらが仕掛け、そのうえ失敗に終わった攻略を利用して三人の逮捕と追放を画策し、強行したとみられる[3]。

一四二九年、領土の拡張を目論んでリナルド・デリ・アルビッツィ等によって始められたルッカ攻略は、ミラノとシエナがルッカを支援したこともあって、苦戦の連続であった。コジモは当初から攻略の可否について否定的であり、戦況の見通しについても悲観的であったという。けれども、傭兵隊に支払われねばならない給与を用立てるなど、共和国政府に支援を惜しまなかったとされる。

苦戦を強いられていたフィレンツェではあるが、一四三二年、サン・ロマーノの戦いに勝利し、それを機に講和を模索する。そして、リナルド等はコジモに講和のための使節に立つよう求めた。かりに講和を結ぶことができるとしても、フィレンツェは重荷を背負わされよう。たとえば、賠償金の支払いという重荷を。それを承知でコジモを使節に立て、

3　クルーラス（1982）、大久保訳、五六〜六〇頁、Kent (2000), pp. 275-277.

攻略の失敗と戦費負担で沸騰寸前になっていた民衆の「統治する人びと」への怒りをコジモに向けさせようとしたのかもしれない。実際、ルッカ攻略に費やされた戦費を手当てするために、一四三二年二月、各戸が保有する資産評価額の一八％に相当する税の納付が強要されたという。それ以前から行われていた資産への税、後に詳述するカタスト（*catasto*）と呼ばれた税（税率〇・五％）の三十六倍もの負担を強いられたのである。

シニョリーアからの要請ということでコジモは止むなく、フェラーラに赴き、講和のための交渉に臨む。一四三三年四月のことである。そして、講和がなると、休養をとるべく、ムジェッロの別荘に滞在したという。リナルド・デリ・アルビッツィを中心とする人びとは、コジモ不在というこの機をのがさず、一気にことを進めようとした。本来は戦時下など、非常の場合にのみ設置され、通常の手続きを省いて必要な決定を行う機関、バーリア（*balia*）を同年の九月に立ち上げ、〈チョンピの乱〉からルッカ攻略の失敗にいたるまでになされたメディチ一族の策謀を糾弾し、それがフィレンツェにもたらした災禍のゆえをもってコジモ等の追放を決めてしまったのである。[4]

こうして、一旦は成功したかにかにみえるリナルド・デリ・アルビッツィ等の画策と思惑は、しかし、すぐに外れてしまう。ルッカ攻略失敗から講和にいたる一連の出来事を目の当たりにし、また、かつてないような戦費の負担を強いられた民衆は、かれらの思惑のようには反応しなかったのである。むしろ、この間も市政の実権を握っていたアルビッツィ一族やストロッツィ一族への、とりわけ、リナルド・デリ・アルビッツィへの失望と

4　バーリアとは、もっとも上位の執権ないし大権を意味する言葉であるが、十五世紀フィレンツェでは、その大権を付与され、通常の手続きを超えてものごとを決めうる機関を指す語として用いられたようである。

反感が高まり、コジモのフィレンツェ帰還を求める動きを引き出す。この動きは、早速、一四三四年八月に行われたシニョリーアの選挙で、プリオーレの半数とゴンファロニエーレ・デラ・ジュスティツィアに、メディチに好意的な人びとが指名されるという結果をもたらした。つまり、新たに指名されたシニョリーアによってコジモ等の追放が解除されるのを阻むことは容易でない状況になったのである。メディチ一族の策謀を糾弾することによって民衆の怒りをかれらからそらし、コジモないしメディチに向けようとしたリナルド・デリ・アルビッツィ等の思惑はこうして外れてしまった。

さらに、こうした時機を見計らっていたかのように、教皇エウゲニウス四世も仲介に乗り出し、民衆の求めに応じるよううながす。そして、一四三四年十月、コジモ等三名の追放は解除され、フィレンツェに帰還した。当初、十年とされた追放は、ほぼ一年で終息したのである。コジモの帰還を待望する機運がフィレンツェに満ちあふれていて、民衆は熱烈に歓迎したという。ただし、コジモはひっそりと自邸に帰ったともいわれる。はっきりとしたところはわからない。

なお、追放となったときコジモは、共和国の利益を損なうようないかなる策謀も企まないことを誓約し、二万フィオリーニといわれる保証金を払った後、フィレンツェを離れた。けれどもパドヴァには赴かずヴェネツィアに留まり、ベネディクト会のサン・ジョルジオ修道院で帰還までの日々をむしろくつろいで過ごしたとされる。このことからも推察できるように、ヴェネツィアはリナルド・デリ・アルビッツィ等によってひき起こされた事態に失望し、コジモを好意的に、それこそフィレンツェからの賓客であるかのように迎え入れたという。事業に関する指示もその地から出されており、一年余の追放期間中もメディチの事業は深刻な影響を受けることなくつづけられたとされる。

またブラウンによれば、コジモと親交のあった文人達、いずれ紹介するレオナルド・ブルーニやポッジョ・ブラッチョリーニの眼には、コジモは追放の命に従容として服し、フィレンツェへの帰還についても、あちらこちらに圧力をかけてそれを早めようとはせず、シニョリーアの許可を静かに待ちつづけたと映ったようで、かれらはそうしたコジモの態度を、共和国を主導する人物にふさわしいとして賞賛したという。[5]

二　メディチ・レジームの形成

さて、フィレンツェ帰還後、コジモはプリオーレに何度か、またゴンファロニエーレ・デラ・ジュスティツィアにも一度、指名されている。これは、ただし、市政の要職に就く者を抽選で指名するというフィレンツェの共和制の下では、必ずしも、特異なことではない。コジモ自身はむしろ、表立って市政にかかわることを極力、避けようとしたといわれる。一度は処刑を覚悟しなければならなかった出来事から得た教訓のひとつであったとみ

5　Brown (1961), pp. 188-189.

てよいであろう。

そのようなコジモについて、十五世紀のフィレンツェで書籍商を営む傍ら、いく人もの同時代人の評伝を書き遺したヴェスパシアーノ・ダ・ビスティッチは次のように語っている。後述するようにコジモはこの書籍商にとって大事な顧客のひとりであり、その依頼について相談するため、かれは、しばしばメディチの私邸に出向き、何日も寝食を共にすることがあったという。それゆえヴェスパシアーノ・ダ・ビスティッチは、コジモの生き様やおりにふれてもらした言葉の、もっともたしかな証人であると、あるいはそのひとりであるとみるひとがすくなくない。[6]

> コジモは生き残るためにこの上もなく巧みな技を用いるよう心がけたのである。自分の望むあらゆる事がらを自身からではなく、他の人びとの発意であるかのように見せかけるようにしたのである。

父ジョヴァンニが諭したようにといってもよかろうか。

同時に、しかし、コジモは、この出来事からもうひとつの教訓を引き出したとみられる。メディチに批判的な人びとが勢いをとりもどし、こうした事態がくりかえされることのないよう、その芽を早めに摘んでおかねばならないということである。事実、コジモはそれをやってのける。ただし、フィレンツェ共和制の理念を圧殺するにひとしいと非難されて

6　Vespasiano da Bisticci, *Le Vite* vol. II, p. 192.（岩倉・岩倉・天野訳、三三五頁）。なお、以前にも紹介したとおり、コジモのパトロネージについて浩瀚な書物を著したデール・ケントは、この書籍商について上記のようにみるひとのひとりである。Kent（2000）, p. 15.

も抗弁できそうにない仕方で。

フィレンツェでは、ゴンファロニエーレ・デラ・ジュスティツィアとプリオーレをはじめ、市政の要職に就き、シニョリーアを構成する人びとが、有資格者から抽選で指名されたことはすでに何度も述べたとおりである。ただし、有資格者の認定から抽選にいたる手順には作為を働かせる余地が、もしくは裁量する余地があった。とくに、前章でも言及したアッコッピアトーリを意のままにすることができれば、批判的な人びとを主要な公職から遠ざけることもむずかしくはない。というのも、シニョリーアを構成する人びとのうち八名のプリオーレはフィレンツェの各地区からひとりずつ選ばれることになっていたが、ルービンシュタインによれば、それぞれを抽選で指名するに際して袋に入れられる有資格者の数は著しく圧縮されており、しかも、だれを、あるいはだれの名札を袋に入れるかについて自らの裁量で決める権限がアッコッピアトーリに与えられていたからである。ゴンファロニエーレ・デラ・ジュスティツィアについてもほぼ、同様の権限が付与されていた。一四三〇年代後半から五〇年代はじめにかけては大方、そのようであったという。[7]

たとえば、サン・ジョヴァンニという地区にはプリオーレとなる資格を有するひとが五〇〇名あまりいたにもかかわらず、抽選のための袋にはわずか五名を入れるだけでよいとされ、アッコッピアトーリは、自らの裁量でその五名を選別することができた。[8]ゴンファロニエーレ・デラ・ジュスティツィアについても、有資格者六五名のうち、袋に入れられるのはアッコッピアトーリによって選別された三名だけでよいとされていたという。

7　Rubinstein (1966), pp. 35-37.

8　大アルテの成員のうち四一一名が、また、中小アルテの成員のうち九一名が有資格者であると認定されていたという。Rubinstein (1966), p. 36.

手短にいえば、シニョリーアの指名がアッコッピアトーリの裁量に委ねられていたのである。以前に紹介した表現を用いて、かれらの〈手による選出〉に委ねられていたといってもよい。いずれにせよ、アッコッピアトーリ、あるいはその背後にいる人びとは、かれらが好ましくないと判断したひとを市政の要職から遠ざけることができるようになっていたのである。

事実、コジモと親メディチの主だった人びとは、まず、コジモ等三名を追放するに際してリナルド・デリ・アルビッツィ等も利用した機関バーリアを、既述のように本来は戦時下など、非常の場合にのみ設置され、通常の手続きを省いて必要な決定を行う機関を立ち上げ、アッコッピアトーリにこのような権限を付与することを正当化する決定をなさしめた。もしくは止むなしとする決定をなさしめた。ルッカ攻略以降、近隣諸国との武力抗争が断続的につづき、フィレンツェが戦時下にあったことを理由に。

次いでかれらは、アッコッピアトーリがかれらの意を汲んで裁量権を行使するようようながすことにも成功する。といっても、コジモや親メディチの人びとが異を唱えるひとの口を封じるような手段に訴えてバーリアやアッコッピアトーリを支配しようとしたわけではない。コジモ自身も、市政に関わることについては、多数の人びとが反対することを強引に押し通すようなことはしてはならないという慎重な態度で向き合おうとしていた。たとえば、一四四六年、いく人かの名望ある市民や法の専門家によって構成され、シニョリーアに助言する役割を負った委員会プラティカ（*Pratica*）から、アッコッピアトーリに右記のような権限を付与することの可否について意見を求められたコジモは、民衆の多くが否とするのであれば、それを押しのけて、そうした権限が付与されることは、あってはなるまいと答えたという。[9]

では、なにがアッコッピアトーリをそのようにうながしたのか。

おそらく、メディチと互恵的な関係で結ばれたおびただしい数の人びとの存在が、強引な手段に訴えるまでもなく、コジモの、あるいはメディチの意向を汲んでものごとが決められるという状況をつくり出していたとみられる。

実際、フィレンツェのあらゆる層の人びとからコジモに届けられたおびただしい数の手紙の大半は、何かを嘆願し、仲介を請うものであったという。[10] このことが示唆するように、商取引や資金の授受を通じる関係はもとより、政庁に職を得るために推薦を求め、それに応じるという関係、また、コジモが行ったパトロネージや救貧活動のなかで結ばれる関係など種々さまざまな関係を機縁として大勢の人びとがメディチと結ばれていた。そしてこうした関係の多くに共通し、それらの下地をなすのは、マキャヴェッリもそう述べ、クルーラスも同様に指摘するように、支援や庇護を求め、見返りにメディチへの協力や忠誠を誓うという互恵的なつながりである。[11] つまり、政庁の役人や事業を営んだ人びとから、毛織物業の工房で働いた職工達、そして救いをもとめていた貧しい人びとまで、さらにはいく人もの画家や彫刻家、文人達、そして聖職者まで、数多くの人びとがメディチとこのような互恵的な関係につつみこまれていたのである。寄せられた支援と庇護に対してメデ

9 Rubinstein (1966), pp. 23-25.

10 これは、石鍋がある研究者の調査結果として紹介しているところである。石鍋（2013）、二二六頁

11 クルーラス（1982）、大久保訳、六一～六二頁。

ィチへの協力と忠誠をもって報いるという関係が、フィレンツェのすみずみにまでひろがっていたということもできよう。そしてこのことが、そうした状況をつくり出していたとみられるのである。

事実、アッコッピアトーリは有資格者のなかから抽選のための袋に入れる者を選別するにあたって、それとなくコジモの意向をたずねるのがつねであったという。すくなくとも市政の頂点に立つ二つの要職、つまり、ゴンファロニエーレ・デラ・ジュスティツィアとプリオーレの指名について。また、フィレンツェの治安維持に責任を負う役職と共和国の財政に責任をもつ役職の指名についても同様であったという[12]。

こうして、コジモ、そして親メディチの人びとはシニョリーアの指名がかれらの意に添うように裁量されるという状況をつくり出し、かれらに批判的な人びとを遠ざけることに成功したのである。共和国の統治ないしフィレンツェの市政にかかわる重要な決定が、コジモの、あるいは親メディチの人びとの意向を汲んで行われる体制、メディチ・レジーム(Medici régimue)が形づくられたといってもよい。くりかえし指摘するように、そうした裁量がなされることを容認するのは、特定の人物、あるいはその一族による専制をゆるさないという共和制の理念を圧殺するものといわれても仕方ないにせよ。

ともあれ、メディチの私邸(現在のリッカルディ宮殿)は、要職にあるひとばかりでなく各国の大使や賓客の訪問が絶えない王宮のような感を呈したといわれる。コジモがときに、フィレンツェ共和国の〈事実上の君主〉であったといわれる所以である。コジモ自身

12 Rubinstein (1966), pp. 49-50. なお、フィレンツェの治安維持については八人の人びとが指名され、責任を負った。それゆえかれらは、オット・ディ・グアルディア(*Otto di Guardia*)と呼ばれたのだという。なお、根占(1999)はこのオット・ディ・グアルディアに公安八人会という訳語を与えている。

は、しかし、そのようにいわれるのを望まず、むしろことあるごとに忌避しようとしていたとされる。ヴェスパシアーノ・ダ・ビスティッチが評したように、表に立つことを極力、控えようとしたのであろう。

コジモは、ただし、自身と弟のロレンツォ、そして従兄弟のアヴェラルドを追放した人びとには躊躇することなく冷徹に臨んだ。仮借なく報復したといってよいかもしれない。一四三四年、リナルド・デリ・アルビッツィと、息子のオルマンノやかれらに追従したとみなされた多くの人びとを、それも百名を上まわるともいわれる人びとをフィレンツェから追放してしまったのである。その際、十年とされた追放の期限は、一四四四年、さらに十年、延長されている。[13]

なお、コジモによってフィレンツェを追われたこの多くの人びとのなかに、パッラ・ストロッツィがいる。フィレンツェの名家の出であり、高潔な人柄と高い知性の持ち主であったという。人文主義の思潮にも造詣が深く、フィレンツェにギリシアの古典をもたらすことに大いに寄与したとされるひとでもある。しかも、リナルド・デリ・アルビッツィとは一線を画し、どれほど請われてもルッカ攻略には一切の協力を拒んだとされる。それゆえ、そのようなパッラ・ストロッツィも追放したコジモの処断は不可解であり、理不尽であるといわれても仕方がないであろう。[14] このパッラ・ストロッツィについても評伝を書き遺し、その人格がたぐいまれなほど高潔であったとたたえた書籍商ヴェスパシアーノ・ダ・ビスティッチにもコジモの処断は理不尽なものと映ったようで、

13　ド・ルーヴァーによれば、この多くの人びとのなかにはバルディ一族の者も含まれていたという。リナルド・デリ・アルビッツィの画策に加担したからであろう。ながく保たれてきたバルディとの協力関係もこうしたことがあって断ち切られたようである。de Roover (1963), p. 65.

14　コジモのこの処断についてマキロップは、パッラ・ストロッツィの名望に対する妬みがそうさせたのではなかろうかと述べている。無論、本当のところは分からないが。McKillop (1992), pp. 262-263.

> 〔パッラ・ストロッツィも含めて〕無数のものが追放され、反逆罪に処された。〔コジモと親メディチの人びとは〕三十三年派を見せしめとして、かれら……を弾圧するために手段を選ばなかった

と述べている。

ここに三十三年派とは、コジモ等三名の追放を強行した人びと、つまり一四三三年当時、市政の実権を掌握していたリナルド・デリ・アルビッツィをはじめとする人びとを指す。ヴェスパシアーノ・ダ・ビスティッチはまた、コジモの処断は、この三十三年派と親メディチの人びとの争いが大きな禍となることを懸念して、「よき牧者として仲介」に立った教皇エウゲニウス四世を欺くものであったとも述べている。[15] コジモには賞賛の言葉を惜しまなかった書籍商ヴェスパシアーノ・ダ・ビスティッチではあるが、三十三年派とみられる人びとにコジモが、あるいは親メディチの人びとがなした行為には苦々しい思いを抱いていたことがうかがわれる。なお、当初、十年とされたパッラ・ストロッツィの追放の期限は三度、延長された。そして、妻と息子達に先立たれるという悲運にも見舞われながら、追放の地パドヴァで生涯を終えたという。

ところでルービンシュタインは、アッコッピアトーリとバーリアが、とくに前者が、メディチ・レジームの存立に決定的に重要であったと述べている。市政の中枢に反メディチ

15　Vespasiano da Bisticci, Le Vite vol. II, pp. 174-175.（岩倉・岩倉・天野訳、三二三〜三二四頁）。なお、パッラ・ストロッツィについての評伝も同書に収められている。

の人びとが食い込み、メディチ・レジームをゆるがすという事態を阻止することができるか否かについてアッコッピアトーリの裁量が鍵を握っていたこと、それはルービンシュタインの述べるとおりであろう。けれども、より根底からメディチ・レジームを支えたのはメディチの事業であり、それがもたらした富である。というのも、市政の要職に就く者の指名にあたってアッコッピアトーリにメディチの意向を汲んで裁量するよううながしたのは、すこし前に指摘したように、支援や庇護を求め、見返りにメディチへの協力や忠誠を誓うという互恵的な関係でメディチと結びついていた人びとの存在であったとみられるからである。そして、この互恵的な関係を生み出し、フィレンツェのすみずみにまでひろげたのはいうまでもなく、メディチの富であり、それをもたらした事業であった。このことは見過ごされてはならない。

メディチ・レジームは、ただし、盤石だったわけではない。メディチの事業は、次章でみるように十五世紀中葉に繁栄の頂点に達する。事業が衰退を余儀なくされ、その存立も危うくなりはじめるのはもっと先、コジモ他界後のことである。けれども、メディチとの互恵的な関係につつみこまれることをいさぎよしとせず、むしろ批判的であった人びともいなかったわけではなく、かれらによってメディチ・レジームがゆるがせられるおそれはコジモの存命中からあったのである。そして、それは一四五六年から一四五八年にかけて現実のものとなった。

なるほど、一四二九年のルッカ攻略から断続的につづいた近隣諸国との武力抗争は、戦

16　一四五三年に終結した戦争とは、フィレンツェがミラノと手を組み、ヴェネツィア、ナポリと戦った戦争である。戦端は一四五一年、ロンバルディアで開かれ、トスカーナにもひろがったという。なお、この戦争については、すこし後にもう一度、言及する。

時下ということでバーリアの招集を正当化し、そのバーリアによって、シニョリーアの指名をアッコッピアトーリの裁量に委ねることも正当化された。けれども、一四五三年、対ヴェネツィア、ナポリとの戦争終結をもって、一連の武力抗争に終止符が打たれ、さらに、すぐ後に触れる〈ローディの和〉が実現すると、つまり主要国間に和平の協定が結ばれると、こうした正当化の理由も消滅してしまう。[16] そしてこのことの影響は、早速、一四五五年、アッコッピアトーリをそれまでと同様に存続させるという親メディチの人びとの企てが、斥けられ、市政の要職に就く者の指名について伝統的な抽選が復活するという形であらわれる。それまでつづけられてきたシニョリーアの〈手による選出〉に対する批判が既述のプラティカ、すなわちシニョリーアに助言を与える委員会をはじめ、いくつもの協議の場で噴出したのである。そして、この批判の噴出は、一四五六年から一四五八年にかけてメディチ・レジームそのものを覆そうとする動きにまで激化した。

このように波風の立つことが一切、なかったわけではない。[17] けれども、それらは親メディチの人びとの腐心によって芽を摘まれ、大事にはいたらない。一四五六年から一四五八年にかけて噴出した反メディチの動きも、一四五八年八月十一日に招集された全市民集会《パルラメント》の場でなんとか押さえ込まれた。[18] 結局、コジモによるフィレンツェ共和国の統治は、フィレンツェ帰還の年を起点に数えると、その他界の年である一四六四年まで、ちょうど三十年つづいたのである。その間にコジモがなしえたこと、また、なしえなかったことの詳細に立ち入るのは、本書の意図するところから外れている。けれども、〈ローディの和〉に

17　アッコッピアトーリによる選挙の操作に対する批判は、一四四九年から一四五三年にかけても高まった。その背景と経緯については、Rubinstein (1966), pp. 26-28 に詳しく紹介されている。

18　親メディチの人びとの中心にいたのはルーカ・ピッティで、コジモの意を体しながらこの全市民集会を取り仕切ったといわれる。その経緯の詳細は Rubinstein (1966), Part I とくに Chapter 5 において説明されている。Rubinstein (1968), pp. 455-456, および根占 (1999)、七〇～七一頁にも、手際のよい説明がある。なお、反メディチの動きを主導したとされる人物ジローラモ・マキャヴェッリは追放されている。また、反メディチの動きは一四六五年から翌年にかけて一層、激しく沸騰したとされるが、コジモ他界後のことなので、ここでは立ち入らない。

は、触れておかねばならない[19]。

三　〈ローディの和〉

前章でも述べたように、十九世紀半ばまでのイタリアでは、今日と異なり、いくつもの王国や都市国家が分立し、抗争をくりかえしていた。コジモの時代も同様で、とりわけ、ローマ教皇領、ミラノ公国、ヴェネツィア共和国、ナポリ王国、そしてフィレンツェ共和国の有力五か国が離合集散をくりかえしながら、争っていたのである。また、フィレンツェもそうであったように、他国に十分、対抗しうるだけの常備軍をもたない国は、武力による抗争が始まる度に多額の金を払って傭兵を雇わねばならず、くりかえされる対立抗争は、財政を圧迫する最大の原因となっていた。

こうしたなかでフィレンツェは、ローマおよびヴェネツィアとは友好関係を維持し、絶えず領土の拡張を目論んだミラノに対抗するという方針に沿って対応しようとしていた。ヴェネツィアは、しかし、一四五〇年、この友好関係を捨ててナポリと手を組み、フィレンツェと敵対するようになる。そして、一四五一年には戦争を仕掛けてきた。フィレンツェは、それゆえ、方針の転換を余儀なくされたのである。

19　もうひとつ、ながきにわたって離反していた東西両教会、つまりローマ・カトリック教会とコンスタンティノープルの東方教会（ギリシア正教会）の和解を模索すべく開催された〈フィレンツェ公会議〉（一四三九年）にも触れておかねばならないが、それについては、後の章で言及する。

コジモはそこで、ミラノとの和解を図る。[20] 十四世紀末からくりかえされてきたミラノによるトスカーナ侵略、とりわけ、ジャン・ガレアッツォ・ヴィスコンティによる侵略によって引き起こされた災禍を思えば、大胆なというべき方針の転換である。ミラノの傭兵隊が乱入した村々では、「畑とぶどう畑は裸にされ、農家は略奪されたのち火をかけられ、……農民は殺されるか捕らえられた」という。[21]

そのようなミラノとの和解がなるか否か、鍵を握っていたのはフランチェスコ・スフォルツァ（一四〇一～一四六六年）。もともとは一傭兵隊長であったが、数々の作戦で雇い主に勝利をもたらし、やがて、ミラノ公フィリッポ・マリア・ヴィスコンティの娘婿となったひとである。そして義父の死後、ミラノ公を継いだ。コジモは、フィレンツェ内にあった慎重論をおさえてこのスフォルツァに働きかけ、まず、一四五一年、ミラノとの和解にこぎつける。ミラノとの間に同盟関係を築ければ、他の三か国を動かす力になると予期したのであろう。はやくからこの人物に期待を寄せていたコジモは、惜しみなく支援しつづけてその同意を取りつけることに成功したのである。たとえば、一四三六年、メディチはアドリア海に面した都市アンコーナに拠点を立ち上げているが、それは、事業のためというよりイタリア中部、マルケ地方で作戦行動を展開していたスフォルツァを援助するためであったという。[22] そうした労も厭わず、支援を与えつづけたのである。

コジモはさらに、他の三か国にも働きかけをつづけた。そして、三年後の一四五四年、ヴェネツィア共和国、ナポリ王国、そしてローマ教皇領も加えた五か国の間で、和平の

20 余談になるが、この時代のミラノを統治したのがヴィスコンティ公爵家。そして、その末裔のひとりが、あのルキーノ・ヴィスコンティ。『山猫』、『夏の嵐』、『若者のすべて』など数々の名作を手がけた映画監督ルキーノ・ヴィスコンティである。

21 Origo (1957), p. 249.（篠田訳、三二四頁）

22 ド・ルーヴァーも、アンコーナの拠点は事業拡張のためでなく、スフォルツァ支援のために立ち上げられたという見方をもっともだとみている。小さな交易の都市でしかなかったアンコーナには不釣り合いなほどに多額の出資がなされているからである。de Roover (1963), p. 59.

協定——すくなくとも二十五年の間、相互不可侵を約束する協定——が結ばれる。これが〈ローディの和〉。ミラノ近郊のローディ（Lodi）で結ばれたので、このように呼ばれている。

もちろん、ただひとつの協定で、多年つづいた離合集散と抗争が完全に収束するはずはない。けれども、以後、三十年あまりの間、大きな争乱はそれまでにくらべると、いくらか、すくなくなったといわれる。一四五三年、コンスタンティノープルがオスマン・トルコ軍によって陥落させられており、そのことが、イタリアの諸国に結束をうながし、締結させた協定であったことはまちがいない。教皇ニコラウス五世（在位一四四七〜一四五五年）の説得もあずかって力になったともいわれる。しかし、コジモの労を厭わない働きかけと支援なしには実現されなかった協定であったこと、それもまちがいない。

この〈ローディの和〉をメディチの事業とのかかわりからみれば、それは、結局のところメディチのような事業家が多くを引き受けることになる戦費の負担を軽減させるものといえる。また、大きな争乱がすくなくなれば、商取引、とくに遠隔地との交易にまつわる危険も、なにほどか、軽減されよう。メディチの事業がそのなかで行われる社会から、無用の攪乱要因や危険を除去するもの、あるいは、事業の存立基盤をより安全にするものといってよい。こうした利益は、ただし、他の事業家によってもひとしく享受されうる。それゆえ、〈ローディの和〉の実現に向けてなされたコジモの寄与は、今日の企業に期待されている社会的貢献に通じるものがあるといえるかもしれない。

ともあれイタリアは、激しい争乱のややすくない歳月、三十年余の歳月をもちえたのである。十五世紀中葉のイタリアにおいて有力な国のひとつであったフィレンツェ、その市政に大きな影響力をもっていたとはいえ、一私人にすぎない人物が、イタリア半島全体に恩恵をもたらしうる協定締結に寄与したのである。共和国の統治にかかわる事柄ついてコジモがなしえたことのなかで、とくに記憶にとどめられてよいものであろう。

ただし、ルービンシュタインも指摘するように、和平の実現はメディチ・レジームをより強固にするというより、むしろ、不安定化させるものであったかもしれない。[23] 戦時下にあるということをもって、シニョリーアの指名をアッコッピアトーリの裁量に委ねるという計略は、もはや、正当化し得なくなっており、それだけ、批判的な動きの芽を摘むことも容易でなくなったであろうから。事実、〈ローディの和〉以後もアッコッピアトーリをそれまでと同様に存続させるという親メディチの人びとの企ては失敗に終わり、それが一四五六年から一四五八年にかけての反メディチの動きに連なったことはすでに、述べたとおりである。

なお、その他界後間もなく、シニョリーアはコジモを記憶に留めるためのメダルを鋳造したが、そこには肖像とともに*“pax et libertas”*（平和と自由）という文字が刻まれている。〈ローディの和〉の実現に寄与したことをたたえようとしてこのように刻まれたのかもしれない。シニョリーアはまた、〈祖国の父〉（*Pater Patriae*）という尊称を贈ったことはすでに紹介したとおりであるが、これは、共和制末期のローマがキケロに贈った尊称でもある。生前のコジモはキケロを賞賛しつづけ、すこしでも近づきたいと願っていたという。[24]

23　Rubinstein（1966）, pp. 22-23.

24　Kent（2000）, p. 375.

やはり、一度は国を追われたことのあるキケロに自身を重ね合わせるところがあったのだろうか。そのキケロに贈られたのと同じ尊称がコジモに贈られたのである。そして、そのおり、ドナート・アッチャイウォーリは〈ローディの和〉実現に向けてなされたコジモの寄与をたたえる演説をしたという。ドナート・アッチャイウォーリはコジモが他界したころ、共和国の行政と外交に重きをなしていたひとのひとりである。

第五章　コジモの時代のメディチの事業（I）

——その概容、組織、そしてひと

一　コジモの時代のメディチの事業

本章ではコジモの時代のメディチの事業を概観する。その際、ただし、イタリア半島のみならずアルプスの北にも置かれたいくつもの拠点のそれぞれで営まれた事業の詳細に立ち入ることはしない。むしろ、全体としてみたとき、収益の主要な源泉となったのは何であったか、その源泉はまた、どのようにして獲得されたかに焦点を合わせて眺めてみたいのである。本書のはじめに立てた問、つまり宥恕されうる利得をされえない利得から選り分けるというこころみの帰結に照らし合わせるとき、コジモの時代にメディチが得ていた収益はどのようにみなされるものであったかという問に答えること、それが筆者の目指すところだからである。

さてそのコジモの時代のメディチは、一世紀ほどまえのバルディやペルッツィと同様に、数多くの事業を手がけた。今日風にいえば、間口のひろい多角経営が行われたということになろうか。

ひとつは、織物業。父ジョヴァンニ・デ・メディチが十五世紀はじめに買い取った二つの毛織物の工房にくわえて、新たに買い取られたひとつの絹織物の工房も持つ織元であった。それらは、ただし、何台もの織機がならび、大勢の職工がそれらを操作するという近代的な工場ではなかった。梳毛《そもう》や洗毛から布地の織り上げにいたる種々の作業、そして染織と仕上げの作業の大半は、職工達が必要なものをそれぞれの家に持ち帰って行ったという。それゆえ、ここでは工場ではなく、ド・ルーヴァーにならって毛織物、もしくは絹織物の工房（woolshop, silkshop）と呼ぶことにするが、その工房も羊毛をはじめとする素材や資材、また織り上げられた布地の保管場所のようなものでしかなかったとされる。[1]

　織物業、とくにフィレンツェの織物業は、また、困窮している隣人や同胞に仕事を提供するために営まれたといわれる。ド・ルーヴァーによれば、これは古くからの伝統であり、ジョヴァンニもこの伝統にしたがって二つの毛織物工房を買い取ったのだという。[2]けれどもハントとマレーは、十四世紀のバルディとペルッツィはそのようであったとしても、そしてジョヴァンニの時代のメディチも同様であったとしても、コジモの時代のメディチはそうではなかったと述べている。救貧の活動の一環としてではなく、利を求める事業として営まれたというのである。[3]事実コジモの時代、メディチの三つの工房の支配人には織物業に豊富な経験をもつひとが起用されている。とくに毛織物は数多くの作業手順を踏んで織り上げられたので、経験が豊富でそれらの全体を熟知しているひとでなければ、適切に取り仕切ることはできなかったにちがいない。[4]その支配人は、また、種々の作業に携わる職工達をそれぞれの技量をみて自ら選ぶことができたとされる。利益が二の次にされたわけではなかったとみてよい。もちろんこのことは、救貧の活動にコジモが冷淡であったということを意味しない。後の章で紹介するように困窮している人びとにも惜しみなく支援

1　de Roover (1963), Chapter VIII には、当時の毛織物業、絹織物業で行われたさまざまの作業がこと細かに説明されている。

2　de Roover (1963), p. 167.

3　Hunt & Murray (1999), pp. 195-196.

4　ド・ルーヴァーによれば、この時代、毛織物は数多くの、すくなくとも二六もの手順を踏んで織り上げられたという。de Roover (1963), p. 176.

表3　拠点別事業収益（1435-1450年）

拠　点	収　益（f）	割　合（%）
アンコーナ	5,116	1.7
アヴィニヨン	8,948	3.1
バーゼル	5,065	1.6
ブリュージュ・ロンドン	17,788	6.1
フィレンツェ	24,568	8.4
ジュネーブ	46,975	16.6
ピサ	1,000	0.3
ローマ	88,511	30.4
ヴェネツィア	63,319	21.8
小　計	261,292	90.0
毛織物工房 I	4,917	1.7
毛織物工房 II	5,455	1.8
絹織物工場	19,125	6.5
小　計	29,498	10.0
合　計	290,791	100.0

の手をさしのべたのである。事業との間には、ただし、一線を画していたということであろう。

　いずれにせよ、しかし、表3にみるように、事業が繁栄の頂点に達した十五世紀半ば頃に織物業の収益が全体に占める割合は一〇%程度に留まっている。(5) 収益の大半は、商取引ないし交易と金融からもたらされていたのである。商取引と金融、それらがメディチの本業であったといってよい。

　実際、メディチは、多種多様な商品の取引、とくに遠隔地交易を手がける、いわば総合商社であった。羊毛、亜麻布（リネン）、毛織物、絹織物等の繊維製品やその素材から、錫、明礬《みょうばん》のような鉱

5　この表3、そして本章の末尾に掲げる表4も、第三章の表1、表2と同様に、フィレンツェのメディチ家関連史料のなかに発見された三冊の帳簿からド・ルーヴァーによって作成された二つの表（Table 17, 18, de Roover (1963), pp. 69-70）に基づいて、筆者がつくりなおしたものである。また、この表中の収益も、先の表1のそれと同様に、すべての拠点の収益の総計から各地の拠点の支配人ないし共同経営者に分配された分け前を除いた後の金額である。それは、したがって、コジモないしメディチ一族とメディチの私邸に置かれた本拠の共同経営者であり、事業全体の総支配人であったアントーニオ・サルターティ、ジョヴァンニ・ダメリーゴ・ベンチによって分かち合われることになる。

物資源、寝台やタペストリー等の家具、装飾品、そして香辛料やオリーブ油などの食品まで、実に多くの商品の交易を手がけたのである。たとえば、イングランドの羊毛やオランダの亜麻布がロンドンやブリュージュを経由してフィレンツェへ、また、香辛料や明礬がレヴァント地方、つまり地中海東岸の国々や黒海沿岸の地域からヴェネツィアを経由してフィレンツェへ持ち込まれた。一方、フィレンツェからは加工された毛織物、絹織物、家具、装飾品などがイタリア半島内のみならず、アルプスの北の拠点を介して、欧州の各地へと販売されていた。

なかでも、毛織物業はフィレンツェをはじめとする北イタリア諸都市の主要な産業であり、したがって羊毛の調達は、とくにイングランド産の上質の羊毛を大量に調達することはさまざまの商取引ないし交易のなかでもとくに重要であった。しかし、十五世紀半ば以降、それは次第に困難になっていく。[6] ひとつには、イングランド国内でも毛織物業が営まれるようになり、少しずつ規模も大きくなっていたからである。同時に、国外への羊毛の搬出はカレーに拠点を置く商人達によって排他的に取り仕切られていて、メディチのようなアウトサイダーが割り込むことはできなかったからでもある。残る手だては国王に請うて国外搬出のライセンスを得ることしかない。メディチはこの手だてを講じて羊毛を入手したが、それはやがて重い代償の支払いを強いるものとなる。ライセンスを与えることと引き換えに国王から、とりわけエドワード四世から金の貸し付けが求められた。それも際限なく求められた。返済の目途も立たないまま、その額は、膨張していき、一四七〇年代

6 その経緯についての以下の説明は、de Roover (1963), pp. 325-327 に負っている。

にロンドン、ブリュージュの拠点を相次ぐ閉鎖に追い込む一因になったとされる。[7] コジモが他界した後のことなので詳細には立ち入らないが、一世紀あまり前にバルディやペルッツィが踏んだのと同じ轍をメディチも踏んでしまったといえるかもしれない。既述のように、かれらを破綻に追いやった原因のひとつも、英国国王に、ただし、エドワード三世になされた巨額の貸し付けが回収不能になったことだとされているからである。

また、明礬は着色剤、あるいは発色剤として織物業に欠かせない鉱物であった。ガラスの製造や皮革のなめしにも欠かせないものであった。その明礬の有望な鉱床が、一四六〇年、教皇領のトルファで発見される。当初、教皇庁は、毎年、一定量の明礬を納めることを条件に、鉱床の発見者とその支援者に採掘と販売を委ねたという。かれらは、しかし、納められた明礬を良い条件で買ってくれる顧客を見つけることができなかった。そのため教皇庁は一四六五年、販売にメディチが加わることを認める。メディチが加わればアルプスの北に販路を開くことができると期待してのことである。メディチも教皇庁との緊密な関係をテコに販売に加わることができるよう、強く働きかけたとされる。こうした経緯も多くはコジモが他界した後のことなので、詳細には立ち入らないが、事実、毛織物業が成長し、それにともなって大きな需要の生まれていたイングランドとフランドルにメディチの手で、大量のトルファ産明礬が搬送され、販売されるようになったという。[8]

なおド・ルーヴァーによれば、教皇ピウス二世（在位一四五八〜一四六四年）とパウルス二世（在位一四六四〜一四七一年）は、トルファ産明礬の価格が下がれば、おりから呼びかけられて

7　後にも言及するようにメディチの場合、各地に拠点を立ち上げるに際して王侯貴族や高位聖職者に金を貸し付けることについては、よほど慎重でなければならないという指示が支配人に与えられていた。十五世紀後半のロンドン、ブリュージュの支配人は事実上、この指示を無視していたのである。

8　de Roover (1963), pp. 152-153 にはトルファ産の明礬をめぐって交わされたさまざまの駆け引きについて詳細な説明が与えられており、上記もそれに拠っている。

いたトルコへの十字軍派遣の費用をまかなうことが困難になるとして、より安価であった他の鉱床産の明礬購入を控えるよう各地の商人や織物業者に要請したという。トルファ産明礬の価格を維持するため、他の鉱床からの明礬を市場から閉め出そうとしたのである。競争を制限する手だてを教皇が自ら講じようとしたといってもよい。このような行為は、ただし、容認されてはならないと批判されてきた。不当に高い価格で商品の購入を強いるのは、〈交換の正義〉にもとる行為だとしてスコラ学の学僧や教会法学者がつとに懸念を表明していたのである。それに対して二人の教皇は、異教徒から聖地を奪還するという目的の崇高さは、そのために講じられる手段を正当化すると、もしくは浄化すると答えたという。真偽のほどは定かでないが、教皇が実際にそのように応じたのだとすれば、都合の良すぎる理屈がもてあそばれたといわれても仕方がないであろう[9]。

9　de Roover (1963), pp. 154-156.

二　為替手形の引き受け

ところで、商取引、とくに、今みたイングランドやフランドルへの明礬の販売もそのひとつである遠隔地交易にはさまざまの危険がつきまとう。陸路をとるにせよ海路によるにせよ、天候の急変や盗賊、海賊の襲撃など思いがけない災難に遭遇して商品が失われてしまうかもしれない。また、商取引ないし交易の決済を現金で行うほかないとすれば、商人達は多額の金を持ち歩かねばならなくなる。それにも、大きな危険がつきまとう。

こうした危険はそれを克服する手だての考案をうながす。前者について、つまり不測の事態に遭遇して商品が失われてしまうという危険について考案されたのは海上保険制度である。十三世紀末から十四世紀初頭にかけて考案され、やがてひろく利用されるようになったという。メディチは、ただし、保険の引き受けを事業の一環として営むことには積極的でなかったとされるので、詳細に立ち入ることはしない。[10]

もうひとつの危険、つまり取引を現金で決済しようとするときに避けがたくつきまとう危険を回避するためにも、ある手段が考案された。為替手形（*cambiale*）による決済である。ただし、クルーラスも指摘するように、この決済手段が機能するためには、決済についての依頼や指示をたしかに履行することのできる金融業者の拠点が、欧州にひろがる交易路を網羅するように設置されていなければならない。[11]決済をまちがいなく履行しうるネットワークがイタリア半島内の主要都市はもとより、ロンドンやブリュージュ、また、ジュネーヴやリヨン、バルセローナなど各地域で交易の要所となった都市を結んで構築されていなければならないのである。そしてそれは、十二世紀以降、徐々に整備されたといわれる。

さて、その為替手形による決済はどのように行われたか。説明を分かりやすくするため、想定例を用いていえば、それは左記のように行われ、商人には多額の現金を持ち歩かずにすむという便宜を、そして金融業者には何がしかの利益をもたらした。なお、ここで用い

10　エドラーは左記の論文で萌芽的なものも含めて、中世後期からルネサンス期にかけて普及していった海上保険のさまざまな類例をひろく紹介している。Edler de Roover（1945）

11　クルーラス（1982）、大久保訳、二六頁。

る想定例は、一四六三年、メディチのヴェネツィアとロンドンの拠点——以下では、メディチ・ヴェネツィア、メディチ・ロンドンのように表記する——が実際にかかわった為替手形による取引を解説するために、ド・ルーヴァーによって作成された図式を参考にして筆者がこしらえたものである。[12] なお、この時代、為替手形の決済に猶予される期間、つまりユーザンスはイタリア半島内の諸都市とロンドンの間では慣行的に九十日とされていたとのことで、想定例もそれにならっている。[13]

想定例

❖イギリスの商人A氏❖

イギリスの商人A氏は、滞在中のフィレンツェでロンドンにもって行けば高値で売れ、大きな利益が得られそうな上質の毛織物をみつけた。それを買うには、ただし、一、〇〇〇 fが必要。しかし、手持ちの金がない。そこでA氏はメディチ・フィレンツェを訪ね、資金の提供を要請した。

◀ ◀ ◀

メディチ・フィレンツェはA氏に次のような為替手形を振り出すことを求め、引き換え

12 de Roover (1963), pp. 111-115.

13 de Roover (1963), p. 110. また、ブリュージュとのユーザンスは六十日、イタリア半島内の都市の間、たとえばフィレンツェとヴェネツィアのそれは五日とされていたという。

に一、〇〇〇ｆの資金を提供した。Ａ氏の振り出した手形を引き受け、信用を供与したといってもよい。

九十日後のｘ月ｚ日までにロンドンにおいて一、〇〇〇ｆ相当の金をポンドで、ただし、一ｆ＝八〇ｐでメディチ・ロンドンないしその指定する者に支払うことを約束する。　　　　神のご加護を

ここで、一ｆ＝八〇ｐは、為替手形が振り出された時点におけるフィレンツェでの為替レートである。(14)

商人Ａ氏は約束のとおり、ｘ月ｚ日、メディチ・ロンドン、もしくはその指定した者に八〇、〇〇〇ｐを持参してきた。

❖イタリアの商人Ｍ氏❖

イタリアの商人Ｍ氏は、滞在中のロンドンでフィレンツェにもっていって毛織物業者

14　当時は、一£＝二〇ｓ＝二四〇ｐであった。一£＝一〇〇ｐに改められたのは、一九七一年以降のことである。なお、ｓはシリング（shilling）、ｐはペンス（pens）。

に売却すれば大きな利益が得られそうな上質の羊毛をみつけた。ただし、それを買うには八〇、〇〇〇Pが必要。しかし、手持ちの金がない。そこでメディチ・ロンドンを訪ね、資金の提供を要請した。

◀◀◀

メディチ・ロンドンは左記のような為替手形を振り出すことをM氏に求め、引き換えに八〇、〇〇〇Pの資金を提供した。

◀◀◀

九十日後のu月v日までにフィレンツェにおいて八〇、〇〇〇P相当の金をフィオリーノで、ただし一f＝七二Pでメディチ・フィレンツェに、あるいはその指定する者に支払うことを約束する。

神のご加護を

一f＝七二Pは先の手形と同様に、それが振り出された時点における為替レート、ただし、ロンドンでの為替レートである。

◀◀◀

商人M氏は、u月v日、メディチ・フィレンツェに一、一一一fを持参してきた。それが約束された金額だからである。

さて、二つの遠隔地取引を合算してみれば容易にわかるように、メディチは、それらに必要な資金を為替手形の引き受けという形で提供することによって一一一fの、率にすれば約一一%の利益を得たのである。

これも容易に分かるようにこの利益は、直接には二つの手形が振り出された時点においてフィレンツェおよびロンドンでフィオリーノとポンドの間に成立していた為替レートの差異からもたらされたものである。もちろん、それぞれの時点で成立している為替レートが、あるいはそれらの間の差異が、いつもこのように利益をもたらすとはかぎらない。その変動の如何によっては、損失をこうむることも十分、ありうる。為替手形の引き受けにはつねにこうした危険がつきまとうのであり、メディチが手にした利益はそうした危険を負って獲得されたものであること、それは見落とされてはならない。

この利益は、また、二人の商人それぞれの取引が見込みどおりに運んだこと、そしてメディチが、為替手形による決済がたしかに履行される拠点をフィレンツェだけでなくロンドンにも立ち上げていたことによって実現したものでもある。商人達の才覚、あるいは商機を逃さない明敏さと事業拠点を拡充すべくメディチが積み重ねた努力なしには実現されなかった利益であったのであり、このことも見落とされてはならない。

商人A氏への資金提供		
フィレンツェ	——→	ロンドン
1,000 f	(1 f = 80 p)	80,000 p

商人M氏への資金提供		
フィレンツェ	←——	ロンドン
1,111 f	(1 f = 72 p)	80,000 p

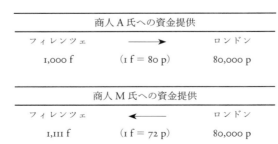

事実コジモの時代、メディチは、為替手形を用いた取引や決済を円滑に、たしかに行うために、さらにいえば交易とそのための資金提供の範囲を一層、ひろげるために、事業の拠点をイタリアの内外で拡充している。イタリア半島内では、父ジョヴァンニのときすでに開設されていたローマ、ヴェネツィアにくわえて、ピサとミラノに拠点を立ち上げている。コジモはまた、父の時代にはなかった拠点をアルプスの北にも開設している。ジュネーヴ、ロンドン、ブリュージュなどの交易の要所であった都市に、また後述するように、アヴィニヨン、バーゼルなど教皇庁と深い関わりのあった都市にも。[15] 欧州のかなりの部分を網羅する交易とその為替手形による決済のネットワークが構築されたのである。

ただし、為替レートに生じる変動の方向と大きさ次第では、利益ではなく損失をこうむることもありうるのは先ほども指摘したとおりである。為替手形の引き受けを業務の一環としたこの時代の事業家は、こうした危険をすこしでも減らすため、為替レートの動向についての情報を不断に取り寄せる努力も怠らなかった。メディチも無論、同様で、各地の拠点と頻繁にやり取りされた通信文の末尾にはその都市における為替レートが、フィレンツェの通貨フィオリーノとのレートだけでなくヴェネツィアやブリュージュなどの通貨とのレートが記載されるのがつねであったという。[16]

こうして為替手形の引き受けという仕方でなされる資金の提供は、メディチの主要な収益源のひとつとなった。以前にも言及したように、この点をとらえていえば、メディチは、あるいは、メディチと同様にこの業務を手がけた事業家達は、十八世紀のロンドンで、為

15　教皇庁がローマを離れて一時的に置かれたアヴィニヨンに、あるいは、重要な公会議が開かれたバーゼルに事業の拠点を立ち上げたのは、教皇や高位聖職者に便宜を計らうことによって教皇庁との緊密な関係を絶やすまいとしたメディチの努力のあらわれといってよい。

16　de Roover (1963), p. 122.

替手形ないし貿易手形の引き受けを主たる業務とした金融業者、マーチャント・バンクの先駆けをなすような存在であったといえるかもしれない。

為替手形は、ただし、想定例におけるような遠隔地交易への資金提供と決済のためにのみ用いられたわけではなく、それ以外の種々の用途にも使われた。そのひとつは、メディチのように、教皇庁に納められる金の取り扱いを認められていた金融業者ないし事業家が立て替えて納付した〈初年度献上金〉(*annata*)を回収するという用途である。

この〈初年度献上金〉とは、ローマにおいてある教会職に叙階され、その教会職に属する所領で徴収される税や種々の献納物を受領する権利、つまり聖職禄(*beneficium*)を授与された聖職者が、教皇庁に納付する献上金をいう。[17] 十一世紀後半から十二世紀初頭にかけての〈叙任権闘争〉を経て、すなわち国王や皇帝に握られていた叙任権を取り戻すべく繰り広げられた争いを経て聖職者をさまざまの教会職に叙階できるのは教皇だけであるとされるようになったとき以降、教皇庁にとって恒久的で主要な財源のひとつになったとされる。教皇グレゴリウス七世(在位一〇七三〜一〇八五)によって推し進められ、その過程で〈カノッサの屈辱〉、つまり、破門された神聖ローマ帝国皇帝ハインリヒ四世が教皇に謝罪し、ゆるしを乞うという出来事があったと伝えられている聖俗の争いである。[18]

教皇庁に納付すべき額は、教会職に付属する所領が、あるいは授与された聖職禄が叙階初年度にもたらすものに相当する額とされたので〈初年度献上金〉と呼ばれた。そしてそれは、叙階されてから比較的短い期間のうちに納付されねばならなかったという。ローマ

17 聖職禄を叙階された聖職者に授与し、その宗教活動と生計を支えることは、ルネサンス期以後もながくつづけられた。聖職者の暮らしはそのための基金や保険制度によって支えられるべきであるという方針が打ち出され、聖職禄の廃止が検討されるようになったのは第二ヴァティカン公会議(一九六二〜一九六五年)においてであるという。

18 〈ウォルムスの協約〉によって一応の決着をみたとされる〈叙任権闘争〉とその帰結については、バーマン(1983)、宮島訳、一二〇〜一三五頁に手際の良い説明がある。

にあって叙階された聖職者が多額の金を持ち歩いているはずもなく、かれらの多くはメディチのような事業家を訪ね、立て替えて納付してくれるよう依頼した。その立て替え金の回収にも為替手形が用いられたのである。

たとえば、ある聖職者がブリュージュ近郊の教区の司教に叙階されたとする。その聖職者はメディチ・ローマを訪れ、立て替えを依頼する。依頼を受けたメディチ・ローマはこの聖職者に次のような為替手形を振り出すよう求める。自分の司教区に帰任した後のある期日までに〈初年度献上金〉相当の額をその地の通貨（エキュ *écu*）でメディチ・ブリュージュに払い込むことを約束するという為替手形である。ローマとブリュージュで成立している為替レートからの差益を期待してのことであろう。そのうえでメディチ・ローマは叙階された聖職者に代わって〈初年度献上金〉を教皇庁に納付する。振り出された手形を引き受け、〈初年度献上金〉相当額の資金を提供したといってもよい。

ここで、ただし、急ぎ指摘しておかねばならないことがある。それは、その聖職者が実際に払い込むのは、〈初年度献上金〉に何がしかを〈贈り物〉として上乗せした額であるのがつねであったということである。〈贈り物〉であるからには、それを上乗せするのは聖職者の自発的な行為ということになる。けれども、〈贈り物〉の上乗せは、事実上、為替手形を引き受け、〈初年度献上金〉を立て替える条件とみなされていて、聖職者には否応をいう余地はなかったという。

そしてメディチは、こうした為替手形を数多く引き受けた。ときには、いささか薄汚れたやり方に訴えることまでして引き受けた。ド・ルーヴァーによれば、多額の〈贈り物〉があると見込まれる叙階がなされると、それにともなう〈初年度献上金〉の立て替えを引き受けるため、教皇庁の関係筋に賄賂を贈ることも辞さなかったとされるのである。いうまでもなく、その聖職者が他の事業家ないし金融業者ではなくメディチに依頼するよう働きかけてもらおうとしてのことである。また、約束された金を期日までに払い込まない聖職者には脅迫めいた口調で催促する書簡を送りつけることもあったという。そのような聖職者には、立て替えた事業家ないし金融業者の申し立てにしたがって破門を含むきびしい処罰が行われることになっていたからである。[19]

　こうしてみると、この、立て替えられた〈初年度献上金〉に上乗せして払い込まれるのがつねであった〈贈り物〉について、それはウスラではないと、あるいはウスラをそうではないかのように装った〈忌むべき利得〉ではないと弁明するのは容易でないことに気づく。為替手形の引き受けという形をとっていたにせよ、〈初年度献上金〉相当の金を叙階された聖職者に貸し与え、ウスラの支払いをせまる行為と変わらないからである。次章でもう一度、触れるように、為替手形の引き受けから利益を得ることについて教会法学者やコジモと同時代の聖職者の多くは、むしろ懐疑的な、あるいは否定的な見方を表明しているが、それは、為替手形がこのような仕方で使われることがすくなからず、あったからにほかならない。

　為替手形を引き受けてメディチが得た利益のなかに、忌むべきものがあったという疑念

19　de Roover（1963）, pp. 200-201.

をぬぐいさることはできそうにない。

三　寄託とローマの拠点

本章の冒頭で断ったように、ここではメディチの立ち上げた数多くの拠点のそれぞれで営まれた事業の詳細に立ち入ることはしない。ローマの拠点に関しては、しかし、そのようなわけにはいかない。メディチの事業全体にかかわる重要な役割をこの拠点が担ったからである。

さて、メディチがその事業を意図したように営むために必要となる資金は、とくに大口の取り引きを新たに始めようとするときに必要となるような多額の資金はどのように手当てされていたのだろうか。一部は、これまでの収益のたくわえから手当てされた。一部はまた、コジモや弟のロレンツォ、そしてフィレンツェ本拠の総支配人が、さらには各地の拠点の支配人が出資額を超えて拠出した金によって手当てされたようである。けれども、必要な資金のもっとも大きな部分は、外部から託された金によって、とりわけ、教皇庁やさまざまの層の聖職者から託された金によってまかなわれていたとみられる。

父ジョヴァンニの時代、たゆむことなくつづけられた腐心によってメディチが〈教皇官房付き受寄者総代〉という職位を手に入れていたことは、以前にも述べたとおりである。コジモの時代においても、この職位を確保しつづけるための労は惜しまれなかった。教皇がローマを離れ、あちらこちらと移動する度に、あるいは移動させられる度に、教皇庁との直接の窓口であったローマの拠点も移動させたのは、そのひとつである。ド・ルーヴァーが指摘するように、ローマの拠点は、文字通り、「教皇庁に付き従う拠点」（*la ragione che seque la Corte*）だったのである。[20] 実際、教皇庁がエウゲニウス四世とともにフィレンツェに移動していた間（一四三四〜一四四三年）は、三つの拠点が市内に置かれていた。メディチ私邸内の本拠、ターヴォラ・イン・メルカト・ヌオーヴォと呼ばれたフィレンツェの事業拠点、そして教皇ないし教皇庁とともに移動してきたローマの拠点の三つである。また、ある都市で公会議が開催され、教皇はもとより高位聖職者の多くがその地に参集すると、かれらに便宜を図るためメディチはそこにも拠点を開設した。バーゼルの拠点がそれである。[21]

こうした労の積み重ねがあって、〈教皇官房付き受寄者総代〉という職位は、一時的に他の事業家に与えられることはあったものの、コジモの時代においてもほぼ、一貫してメディチのものでありつづけた。[22] そして、それは大きな見返りをもたらす。教皇庁に納付された、あるいは寄進された膨大な額の金を託され、運用を任せられたのである。そうした金の全容をつかむのは、ただし、容易でない。

教皇領で徴収された税は、もとよりそのひとつである。各地の大司教や司教は定期的にローマに出向き、それぞれの教区の様子を報告するよう求められていたが、その際、どれ

20　de Roover (1963), p. 194.

21　ド・ルーヴァーも、バーゼルは、公会議開催（一四三一〜一四三七年）に合わせて開設された拠点、それもジュネーヴの拠点の支所として開設されたものであったと述べている。de Roover (1963), p. 213.

22　正確にいえば、この受寄者総代に任じられたのは、ローマの拠点の支配人である。

だけかの寄進をするのが古くからのならわしであったという。[23] 毎年、巡礼としてローマを訪れる大勢の信徒もそれぞれ、何がしかの寄進をした。[24] これらの寄進も教皇庁が収納する金の一部をなす。そして、〈初年度献上金〉も主要なもののひとつであったことは、少し前に触れたとおりである。さらに、〈免償〉(*indulgentia*) が与えられるに際して募られた寄進もそうであったという。

ここで〈免償〉とは、罪を犯した者のなさねばならないつぐないの一部、またはすべてを免じることをいう。免じられるのが一部であるときには〈部分免償〉(*indulgentia partialis*) と、なされるべきつぐないのすべてが免じられる場合は〈全免償〉(*indulgentia plenaria*) と呼ばれた。いずれも、ただし、無条件で与えられるわけではなく、犯した罪について痛悔し、善行を重ねた者に対してのみ与えられた。痛悔によって犯した罪そのものはゆるされるとしても、つぐなわれねばならない罰はのこる。その一部、もしくは全部を免じること、それが〈免償〉である。〈免償〉はまた、十字架にかかることによってひとの罪をあがなったイエス・キリストの功徳、そして諸聖人の善行という功徳のすべてからなる〈教会の宝〉(*thesaurus Ecclesiae*) を分け与えることで成就するが、その際、この宝が納められた宝庫を開く権能を授けられている教皇の助けが、あるいはとりつぎが乞われねばならないという。

このような〈免償〉は、事実、聖年のおりや何らかの意味で特別とされる年に教皇によって与えられたが、そのとき募られる寄進、おそらくは教皇のとりつぎに感謝の意を表すための寄進も、教皇庁に収められる金の一部をなしたとされるのである。なお、ある年を

23　この定期的な訪問は *visita ad limina* と呼ばれる。*limina* は敷居のこと。教皇庁の敷居をまたいで教皇に謁見する訪問ということであろう。

24　ド・ルーヴァーによれば、巡礼のなかには現金ではなく今日の旅行者小切手のようなものを携行する者もすくなくなかったという。メディチ・ローマは、そうしたものの発行と換金業務も手がけたようである。de Roover (1963), p. 195.

25　ボニファティウス八世はダンテのフィレンツェからの追放を裏で画策したともいわれる。そのこともあってか、『神曲』においてもっとも背徳的で罪深い

初めて聖年と定めたのはボニファティウス八世（在位一二九五〜一三〇三年）で、事実この教皇は一三〇〇年を聖年と宣言し、〈全免償〉を与えた。クレメンス六世（在位一三四二〜一三五二年）はまた、一三五〇年を聖年とし同様に〈全免償〉を与えたという。やがて、ただし、〈全免償〉は頻繁に与えられるようになる。濫用されるようになったといってもよい。そして、そのことがルターの批判を喚起したことは、よく知られているとおりである。[25]

さて、これらのほかにもさまざまの名目でなされる寄進や納付金があったかもしれない。いずれにせよ教皇庁が収納した膨大な額の金の多くが〈教皇官房付き受寄者総代〉としてのメディチに託された。〈教皇官房付き受寄者総代〉であるメディチには、また、枢機卿や大修道院の院長、そして各地の大司教や司教等の高位聖職者をはじめ、あらゆる層の聖職者からも所持する金が託された[26]。そうした金をメディチは自らの事業に投じ、利益を分配ないし還元する。もとより、自らも利益を得る。つまり、教皇庁やさまざまの層の聖職者とメディチの間で金銭の寄託（*depositum*）が行われたのである[27]。その際、寄託者に、つまり教皇庁やさまざまの層の聖職者にどれほどを分配ないし還元するか、その判断は、ド・ルーヴァーによれば、原則として受寄者であるメディチの裁量に委ねられていたとされる。すなわち、大方は裁量的寄託（*depositi a discrezione*）として行われたとみられるのである[28]。

なお、為替手形の引き受けから利益を得ることについてと同様に、金銭の寄託から利を得ることについてもスコラ学の学僧や教会法学者の間から疑念が投げかけられることがなかったわけではない。コジモと同時代の聖職者、ベルナルディーヌスとアントニーヌスも

と非難されている人物のひとりである。

26　一四二七年のローマの拠点の帳簿によれば、寄託をした聖職者のなかには、教皇マルティヌス五世も含まれている。de Roover (1963), Table 33, p. 207.

27　ワトソンによれば、寄託はローマ法においても認知されている契約のひとつであり、その実例は、五世紀にまで溯って見出すことができるという。それはまた、ものの保管を目的としており、かつ、無償でなされるものとされていたという。ワトソン（1991）瀧澤・樺島訳、七〇、一四九頁。けれども、先に第二章で言及した使用貸借と同様に、中世後期からルネサンス期においては、有償とすることもできるとされたようである。

28　de Roover (1963), pp. 100-103 には、この点も含めて教皇庁とメディチの間で行なわれた寄託について詳しい説明が与えられている。

寄託には金を貸してウスラをむさぼろうとする行為をそうではないかのように装う手段として使われるおそれがあるとして、強い懸念を表明した。それは次章でみるとおりである。

ともあれ、ヌーナンやド・ルーヴァーも認めるように、メディチは〈教皇官房付き受寄者総代〉として受寄した資金、直接にはローマの拠点が受寄した資金を他の拠点の事業に投じ、大きな利を得た。[29] 実際、フィレンツェの事業拠点ターヴォラ・イン・メルカト・ヌオーヴォやヴェネツィアの拠点は、事業に必要な資金のすくなからぬ部分をこの、ローマの拠点を介して投じられた金でまかなっていたようである。また、教皇領で採掘された明礬をイングランドやフランドルで販売してロンドンとブリュージュの拠点が得た代金、本来、ローマの拠点に送金されるはずの代金が、ロンドン、ブリュージュにそれぞれの事業資金として留め置かれることもあったという。[30] ド・ルーヴァーの表現を借りていえばローマの拠点は、メディチの事業全体を資金面から支える「主柱」（main pillar）のような存在だったのである。[31] そして、これらの拠点から還元されるものも含めたローマの拠点の収益は、父ジョヴァンニの時代ほどではなかったにせよ、表3にみるように、全収益の三〇％強を占めていた。

教皇庁との緊密な関係を維持するために積み重ねられたメディチの努力は、コジモの時代においても、大いに報われていたといってよいであろう。

ただし、教皇庁や聖職者達から託される金をどのような条件で受寄するか、あるいは、どのような事業に投じるか、また、為替手形を引き受けて資金ないし信用を供与するとき

29 Noonan（1957）, p. 172, de Roover（1948）, pp. 52-56,（1963）, pp. 106-107.

30 de Roover（1963）, pp. 205-209.

31 de Roover（1963）, p. 221. ただし、十五世紀後半になると、ローマの拠点は、教皇官房のいうがままになってしまい、やがて、メディチの事業を資金面から支える主柱たりえなくなっていったという。たとえば、教皇庁がメディチに負っていた債務を返済するかわりに教皇官房から大量の明礬を持たされる、そ

に相手を選び、どのような条件で供与するかを決めるのはローマをはじめとする各地の拠点の支配人である。王侯貴族やそれに連なる人びとから金を貸してほしいと求められたとき、それに応じるか否かを決めるのもかれらである。しかも、こうしたことを決めるに際してかれらが皆、自身のではなくメディチの利益に忠実であるとはかぎらない。すこし後に言及するように、自身の利益を、あるいは保身を優先させる者もいたとされる。したがって、かれらがそうした行為にはしるのを牽制し、メディチの利益に忠実であるよううながすことは、今日においてと同様に、この時代にあってもきわめて重要であった。そして、その成否を左右するのは事業組織のありようである。今日の言葉でいえば、企業統治にかかわる組織のありようである。この意味でメディチの成功のもうひとつの鍵は、とりわけコジモの時代の成功の鍵は、組織のありようとそれを統轄したひとが握っていたのもまちがいない。

四　事業組織の統轄と総支配人

コジモの時代のメディチの事業は、三つの工房による毛織物と絹織物の製造と販売、イタリア半島内外のいくつもの都市に設立された拠点を結んで営まれた交易、金融と、多岐

れも買手をみつけることが容易でないほどに大量の明礬を押しつけられるといったありさまであったという。ド・ルーヴァーは、一四六五年から三十年もの間、ローマの拠点の支配人でありつづけたジョヴァンニ・トルナブオーニが教皇官房に冷徹に対応することができるような人物でなかったこと、そしてそのような人物を支配人から解任することをためらった息子ピエーロと孫ロレンツォの不決断が招いた事態であったと述べている。なお、トルナブオーニはピエーロにとっては義理の弟、したがってロレンツォには叔父にあたるひとであった。これに対してコジモは一貫して血縁者を、縁に連なる者だという理由だけで厚遇してはならないとしたという。コジモのそのような態度は、ピエーロにも、ロレンツォにも受け継がれなかったといえようか。

にわたっていた。[32] それらは、ただし、フィレンツェの本拠を頂点とする階層的な組織をなしていたわけではない。そうではなく、各拠点は、コジモや弟ロレンツォ、あるいは他のメディチ一族を一方のパートナーとし、それぞれの支配人をもう一方のパートナーとして組まれたパートナーシップないしソキエタスとして分立されていた。各拠点の業務も、逐一、本拠のマッジョーリ（*maggiori*）——上司、もしくはボス、コジモの時代であればコジモ自身と総支配人——の指示をあおぎ、それにしたがって執行されていたわけではなく、大方、支配人の裁量に委ねられていた。各拠点はまた、他の拠点をアウトサイダーとみなしてよいとされていたという。つまり、つねに協調して事業を営む朋輩というより、ときに競合することもありうる存在、競争相手とみてさしつかえないとされていたという。[33] メディチの事業組織は、それゆえ、階層的なものではなく、たがいに分立し、競い合うこともあるいくつものソキエタスの複合体であったといってよいであろう。[34]

もちろん、事業の有り様を大きく左右する判断、とくに、ある都市に拠点を新たに立ち上げるか否か、また立ち上げるとして、支配人にだれを起用するかについての判断は、フィレンツェ本拠のマッジョーリが下した。また、各拠点の支配人には、事業を営むうえで従うべき指示書（*ricordi*）が、とくに手がけてはならないことを記した指示書が手渡されていた。不当な利得を得ようと目論んではならない、王侯貴族に安易に金を貸し与えてはならない、とくに自分の利益や保身のために金を貸し与えてはならないといった指示である。そして、この指示を逸脱した仕方で業務が執行されることがなかったかどうかを確認する

32 de Roover (1963), p. 83 には、著者の手になる詳細な組織図が掲載されている

33 de Roover (1963), p. 78.

34 ソキエタスのパートナーは通常、債務の履行につて無限責任を負うとされた。ただし、ド・ルーヴァーも指摘するように、パートナーの一方は有限責任とするあり方、アコマンダ（*accomanda*）と呼ばれるあり方も可とされたようである。事実、設立当初のブリュージュとロンドンの拠点は、フィレンツェ本拠を有限責任のパートナーとするアコマンダであったという。de Roover (1963), pp. 89-90.

ため、各拠点の支配人達は、帳簿をたずさえて定期的にフィレンツイェに出向くよう求められていた。ローマやヴェネツィア、ミラノなどイタリア半島内の拠点の支配人達は年に一度、ブリュージュやジュネーヴ、ロンドン等、アルプスの北にある拠点の支配人達は二年に一度。ド・ルーヴァーによれば、かれらはときに、全体を統轄したフィレンツェ本拠の総支配人によってきびしく問いただされることもあったという。[35] こうしたメディチにおける事業組織の統轄は、すくなくともバルディやペルッツィに較べ、より厳格なものであったともいわれる。[36] 企業統治もけっして、なおざりにされていたわけではないのである。

その、メディチ私邸内に置かれていた本拠は、ただし、織物業であれ、商品の交易であれ、あるいは金融であれ、直接にはどの事業にも携わらない。むしろマッジョーリは上述のように新しい拠点立ち上げの可否について判断し、各拠点の支配人の業務執行を監督することを通して、分立されているソキエタスを束ね、統轄したのである。前章でも述べたように、メディチの本拠は、今日の持株会社の先駆けをなすものとみてよいかもしれない。[37]

一方、各拠点の共同経営者でもある支配人には、出資比率——一〇~四〇%であった——に応じた利益を、多くの場合、それを上まわる利益が分配された。メディチの利益に忠実な業務の執行と業績向上への努力を引き出すような利益分配が行われていたのである。これは、ヴィエーリ・ディ・カンビオや父ジョヴァンニのとき以来、一貫して採用された方針であったとみてよいであろう。また、雇い人には、使い走りの少年がファットーレ(*fattore*)に、つまり幹部社員になり、さらには支配人に抜擢されるという途もひらかれ

35 de Roover (1963), p. 100.

36 Hunt & Murray (1999), pp. 240-241.

37 ド・ルーヴァーもメディチの本拠をこのようにみている。de Roover (1963), p. 81. なお、オリーゴによれば、フランチェスコ・ダーティーニの事業組織はメディチよりさらに前に、持株会社のような形態が採用された例のあったことを示しているという。すでに何度か紹介したように、ダーティーニは、十四世紀後半から十五世紀初頭にかけて当初はアヴィニョンで、後にはフィレンツェで交易と金融を幅広く手がけた事業家であり、遠くバルセローナも含めていくつかの都市に事業の拠点を、ソキエタスを組んで立ち上げていった。Origo (1957), pp. 111-112.(篠田訳、一三七~一三九頁)

ていた[38]。

各拠点を、相応の裁量権を持つものとして分立させ、利益も気前よく分配することで競い合わせる、同時に、しかし、全体はしっかりと統轄される、そうした組織をつくりえたこと、それが、メディチに成功をもたらした要因のひとつであったのはたしかだと思われる。

ただし、組織を動かし、管轄するのはひとである。とりわけ、新たな拠点立ち上げの可否についての判断にかかわり、既存拠点の業務執行を監督して必要な指示を与えるという役割、事業全体の要ともいえる役割を担う総支配人に有能な人物を得て、はじめて組織は期待されたように機能する。父ジョヴァンニの時代に総支配人であったベネデット・デ・バルディとその弟イラリオーネ・デ・バルディ、コジモの時代のはじめにこの役割を担ったアントーニオ・サルターティはいずれも有能で、事業の成功にすくなからず貢献したとされる。

そして、ジョヴァンニ・ダメリーゴ・ベンチ（一四五五年没、生年不明）。ローマの拠点でファットーレとして経験を積み、やがて一四三五年から他界した一四五五年まで、つまりメディチの事業が成功の頂点に達した頃に総支配人を務めたこのひとは抜きん出て有能であったという。十五世紀後半になると、メディチの事業にはかげりがみえるようになり、やがて一四九四年の破綻に向かって坂道を転がり落ちるように縮小を余儀なくされていくが、総支配人にこのひとのような人材が得られていれば、事態はなにほどかちがっていたので

38　もっとも、各拠点の雇い人の数は意外なほどにすくなく、メディチの事業が活況の頂点に達していた十五世紀半ば頃のすべての拠点を合わせても五十七名にすぎなかったという。なお、一三三五年頃、つまり、その事業がもっとも繁栄していたころのペルッツィには共同経営者を別にしても九十名の雇い人がいたとされる。Hunt & Murray (1999), p. 109. ただし、これらの数字に計上されているのは各拠点でデスク・ワークに従事した雇い人だけであり、毛織物や絹織物の工房でさまざまの作業を担った数多くの職工達は含まれていない。

表4　事業収益の分配（1435-1443年，1444-1450年）

氏　名	1435-1443年		1444-1450年	
	分配額（f）	割　合（%）	分配額（f）	割　合（%）
メディチ	115,126	66.6	88,575	75.0
アントーニオ・サルターティ	28,781	16.7		
ジョヴァンニ・ダメリーゴ・ベンチ	28,781	16.7	29,525	25.0
合　計	172,690	100.0	118,101	100.0

はなかろうかといわれるほどである。いずれ破綻したであろうこと、そのことに変わりはなかったとしても。

たとえば、ながくブリュージュの拠点の支配人であったトッマーゾ・ポルティナーリは、支配人に与えられていた指示を無視してブルゴーニュ公に際限なく金を貸し付けたが、それは、メディチの事業のためではなく、公に取り入るためであったとされる。すなわち、ブリュージュを含むフランドル地方の支配者であったブルゴーニュ公、とくにシャルル剛胆公に取り入って自らの保身を計ったとされるのである。そして、このことが分かっていながら、当時の総支配人フランチェスコ・サセッティは手をこまねいているばかりで、結局、ブリュージュの拠点を一四七〇年代末、閉鎖に追い込んでしまったという。ド・ルーヴァーに、前記のような感想を抱かせた出来事のひとつである。[39]

ジョヴァンニ・ダメリーゴ・ベンチはまた、信仰に篤い人でもあり、他界する前にその富、総支配人として得た富をムラーテ（Murate）という女子修道院に寄進したという。自身の生き様についてなにほどか罪の意識があり、それゆ

39　ド・ルーヴァーは、ブリュージュとロンドンの拠点が閉鎖に追い込まれた経緯を詳しく紹介した後、こうした感想を述べている。de Roover (1963), pp. 346-357.

えのつぐないの行為であったのかもしれない。

なお、各拠点の支配人に対してと同様に、コジモの時代の二人の総支配人、アントーニオ・サルターティとジョヴァンニ・ダメリーゴ・ベンチにも出資比率を超える利益が分配されていたのはいうまでもない〔表4〕。サルターティが他界した後の期間、つまり一四四四～一四五〇年についてみれば、ジョヴァンニ・ダメリーゴ・ベンチの出資比率は五分の一であったが、表にあるように利益の四分の一が分配されている。

第六章　コジモの時代のメディチの事業（II）

——その収益は宥恕されうるものであったか？

一　ソキエタスから分配される利益

以上にみた十五世紀中葉におけるメディチの事業とそれがもたらした大きな収益と富は、人びとの間に親メディチ集団を形づくり、コジモによるフィレンツェ共和国の統治を、あるいはメディチ・レジームを支えた。第三章で述べたようにこの集団は、援助や庇護を求め、見返りにメディチへの協力や忠誠を誓うという互恵的な関係のうえに形づくられたものであったから。事業からの収益と富はまた、次章にみるような多様なパトロネージを可能にした。文人や画家、彫刻家、建築家の支援だけではない。いくつもの教会、修道院の造営や貧しい隣人、同胞救済のための惜しみない寄進、さらには東西両教会にわだかまっていた不和をやわらげ、キリスト教世界全体の融和を図ろうとした公会議（フィレンツェ公会議）開催への貢献もなさしめたのである。

そうした事業とそれがもたらした収益、あるいは富は、さて、聖書のことばと自然法がひとに求めるところに照らしてみるとき、たとえ罪にあたる部分がまったくないとはいえないとしても、その罪は宥恕されてよいとみなされうるものであっただろうか。したがって、人定法の下で容認されることがあってよいとみなされうるものであっただろうか。筆者のみるところ、かなりの部分はそのようであったと思われる。けれども、そうとは言い切れない部分もすくなくなかったとみられる。以下、このことを明らかにしてみたい。

前章でも述べたように、メディチの事業組織はソキエタスの複合体であった。すべての事業の拠点はコジモないしメディチ一族を一方のパートナーとし、それぞれを委ねるに足ると信認されたひとをもう一方のパートナーとするソキエタスとして立ち上げられていたのである。そしてこのソキエタスが、両当事者の一方、とくにコジモ、あるいはメディチ一族がそうであったように資金の過半を出資した側がその支配的な立場にものをいわせて危険を負うことを拒み、利益の分配だけを求めるのではなく、危険が現実のものとなったときに生じうる損失も共に分かち合うというあり方のものであるなら、利益の分配を受けることは不当ではない。そのようにみなされるようになっていたことは、先に第二章でみたとおりである。〈兄弟結社〉という理念に沿うあり方のものであるならといってもよい。そして以下にみるように、メディチが組んだソキエタスが、この、そうあらねばならないとされたあり方に背くもの、それと相容れないものであったとは、考えにくい。

まず、メディチにおけるソキエタスは、一、二の例外を別にすれば、すべて、両当事者が生じうる損失について、あるいは第三者に対する債務について無限責任を負うという了解のもとで組まれていた。不測の事態によって利益どころか損失が生じ、第三者に対する債務履行が困難になったとき、直接、織物業や交易等の業務を遂行した各拠点の支配人だけに責任を引き受けさせるのではなく、コジモないしメディチ一族も無限責任を負うという了解を前提に、ソキエタスが組まれていたのである。

なるほど、一四三六年に立ち上げられたブリュージュの拠点、また、一四四六年に開設されたロンドンの拠点は、コジモないしメディチ一族が負うのは出資額を限度とする有限責任に留まるというあり方、アコマンダとよばれるあり方のものとして始まった。[1] けれども、いずれについても見直しが行われ、ブリュージュの拠点は開設後いくらも経たないうちに、ロンドンの拠点も一四五四年には、両当事者は共に無限責任を負うという形に改められている。[2] つまり、ソキエタスを組むにあたって前提された了解からするかぎり、事業につきまとう危険について、あるいはそれが現実のものとなったときに生じうる損失について、責任を各拠点の支配人だけに負わせることはできないというあり方のものとなっていたのである。

また、父ジョヴァンニの時代だけでなくコジモの時代においても、出資比率を上まわる気前のよい利益の分配が各拠点の支配人である共同経営者になされつづけた。前章でも述べたように、これは、メディチの一貫した方針であったといってよいであろう。そのような気前の良い利益分配によって各拠点の支配人に事業への意欲的な取り組みとメディチの利益に忠実であることをうながしたコジモが、あるいはメディチ一族が、両当事者間の取り決めにもかかわらず、利益ではなく損失が生じたとき、それも分かち合うことを拒んで、支配人に押しつけることがあったとはいかにも考えにくい。

このようにコジモの時代にメディチが組んだソキエタスが、そうあらねばならないとされたあり方に、あるいは〈兄弟結社〉のようなあり方に背くものであったとは考えられな

1　ド・ルーヴァーは、ソキエタスの両当事者のうち、無限責任を負うことになっている側を active partner、出資額を限度する有限責任に留まるとされている側を inactive partner と呼んでいる。de Roover (1963), pp. 89-90. なお、前章ですでに言及したように、アンコーナの拠点だけは一貫して、アコマンダであった。

2　その間の経緯は、de Roover (1963), Chapter XIII とくに pp. 317-332 に詳述されている。

いのである。

そして、その分かち合われる利益をもたらした事業のうちすくなくとも商取引ないし交易については、利益それ自体を目的として際限なく追い求め、甚だしい利をむさぼろうとするのでないかぎり、不当な営為ではないとみなされるようになっていたことも、すでにみたとおりである。また、商取引、とくに遠隔地交易は、すすんで危険を負って行われ、人びとに、生活に欠かせない品々を届ける営為でもあった。そうした危険を負うことへの報奨としても、なにほどかの利益を得ることは容認されてよいとみなされるようになっていた。

織物業はまた、フィレンツェの主要な産業であり、多くのひとに、わけても困窮している人びとに仕事と生きる糧を得る収入を提供した。なるほど、コジモの時代のメディチは利益を度外視することはなかったとされる。けれども、その二つの毛織物の工房、そしてひとつの絹織物の工房がどれだけかの貧しい人びとに仕事と生きる糧を提供したことに変わりない。トマス・アクィナスの言を思い出していえば、織物業は困窮している人びとに救いの手を差し伸べるという「高潔な目的」にも寄与しうる生業であり、その労に報いるものとして利を得ることを非とする理由はないとされていたといってよいであろう。

したがって、ソキエタスを組んで営まれたこれらの事業がメディチにもたらした利益ないし収益は、かりに罪を問われる部分がまったくないとはいえなかったとしても、その罪は有恕されてよいとみなされるものであり、それゆえ、人定法の下でも容認されてよいとみなされるものであったといってよい。すくなくとも、不当に奪い取った利得であるとして、あるいは貪欲にむさぼられたウスラをそうではないかのように装った〈忌むべき利得〉だとして恥じ入る必要のないものであった。

しかし、ものをつくり、商う営為ではなく、ひとに資金を提供することで得られた利益についても、とりわけ為替手形を引き受けて資金を提供することで得られた利益についても、同様にいうことはためらわれる。

二　〈乾燥手形〉と〈初年度献上金〉の立て替え

為替手形の引き受けによる資金提供が、先に説明のために用いた想定例のように行われるのであれば、そこから利益を得ることの可否について疑念をさしはさむ余地はないと考えられる。二つの為替手形の引き受けがもたらした利益は、すすんで種々の危険を、すなわち、商人A氏とM氏の企てた交易がかれらの見込んだとおりに実を結ぶか否かについての危険や為替レートに予期せざる変動が生じかねないといった危険を負担したことに対する報奨といってよい。それはまた、メディチのような事業家が、為替手形を用いた決済が円滑に、かつ確実に行われるように交易路の要所に拠点を立ち上げた努力に対する報賞でもある。つまり、羊毛や明礬《みょうばん》がそうであったように、社会が必要とした品々の遠隔地との交易の拡大に寄与すべく、すすんで危険を負担したことや努力を積み重ねたことに報いるものとして利を得ることは不当ではない。そしてそれが、トマス・アクィナスやベルナルディーヌスの、またアントニーヌスの見解であり、コジモの時代にはひろく受け容れられていたとみられることも第二章でみたとおりである。

為替手形の引き受けによる資金提供には、ただし、想定例のように商品の取引がともなうとはかぎらず、異なる目論みのもとに行われるものもあった。とくに、ウスラをむさぼる行為をそうではないかのように装うために。〈乾燥手形〉(*cambi secci*) と呼ばれる為替手形を用いた資金の授受はそのひとつである。再度、想定例にそくしていえば、それは、次のように行われた。

メディチ・フィレンツェは商人A氏が振り出した為替手形を引き受け、資金を提供する。A氏は、しかし、そこで想定されていたような商行為――フィレンツェで上質の毛織物を仕入れ、ロンドンに移送して販売するという商行為――を実際には行っておらず、メディチ・ロンドンへの払い込みもなされない。つじつまを合わせるための決済は行われるものの、実質的にはメディチ・フィレンツェが手形に約束されている期間、A氏に金を貸し付け、どれだけかの額を種々の手数料という名目で上乗せして返還させるという行為にほかならないのである。(3)

ウスラをむさぼろうとする金銭の貸与を、そうでないかのように装うために為替手形

3 こうした為替手形による取引については、de Roover (1944) および (1948), pp. 82-85 において立ち入った考察が加えられている。また、〈乾燥手形〉という訳語をあてたのは、Origo (1957), p. 152 (篠田訳、一九一頁) にならってのことである。

の引き受けがなされたと非難されても申し開きはできそうにない。このような〈忌むべき利得〉を追い求める行為を教会法学者とベルナルディーヌスやアントニーヌスのような聖職者達がこぞってきびしく咎めたのはいうまでもない。しかも、ド・ルーヴァーによれば、コジモの時代のメディチにこうした〈乾燥手形〉を用いた資金の授受が現に、なされたことがあったという。一四四一年五月、メディチ・ヴェネツィアとメディチ・ブリュージュがかかわった資金の授受はその例であるとされる。[4] かりに、そのようなことがしばしば行われていたとすれば、為替手形の引き受けによってメディチが得たとされる利益のすくなからぬ部分は、到底、宥恕されえない不当なものであったといわざるをえない。けれども、どれほど頻繁に行われていたか、それは、はっきりとは分からない。

〈初年度献上金〉の立て替えは、また、為替手形の引き受けによる資金提供が商品の取引をともなうことなく行われ、そのうえ、忌むべき目論みのもとになされたという疑いのつきまとうもうひとつの例である。

立て替えを依頼し、為替手形を振り出した聖職者からは、立て替えられて教皇庁に納付された〈初年度献上金〉を返還するにあたって何がしかが〈贈り物〉と称して上乗せされるのがつねであったこと、そして、メディチがこの慣行に深くかかわっていたことは前章でみたとおりである。懐疑的な、さらには否定的な見解が表明されたとしても何ら不可解ではない。たとえ、立替金の納付先が教皇庁であり、そのさまざまな聖務のための出費をまかない、崇高な目的のための基金拡充に、たとえば、異教徒から聖地を奪還すべく十字

4　この実例は、de Roover (1963), pp. 132-135 で紹介されている。

軍を派遣するという目的のための基金拡充に寄与する行為であるとしても。

なかでもアントニーヌスは次のように述べて、為替手形を振り出し、〈初年度献上金〉の立て替えをメディチのような事業家に依頼するという慣行を手厳しく批判している。(5)


〔ローマで〕聖職禄を授けられた聖職者は、教皇庁の基金〔拡充〕への一助として、……その聖職禄が初年度にもたらす果実を当地の慣例にしたがって比較的短い期間のうちに納付しなければならない。……そこで、聖職禄を授けられた聖職者は為替手形を振り出し、その取扱業者から教皇庁に納められるべき額相当の金を受け取る。〔実際に〕聖職禄が授けられることになる場所〔もしくは教区〕で、かつその地の通貨で返還するという義務を自らに課すことを承知して。

　為替手形の取扱業者は〔ローマとその地の〕通貨〔交換比率〕の差異からもたらされる利益にくわえて、……提供した金が返還されるまでに待たねばならない時間の長短に応じて、五～七％の追加の払い込みを求める。聖職禄を授けられた聖職者はこうした求めに応じることを認めた証書を書く。為替手形を引き受けて提供された金だけでなく、この追加分、つまりウスラを、あたかも元金の一部であるかのように装って払い込むことを承知したとする証書を書くのである。かりに業者が、一、〇〇〇〔相当の金〕を提供し、聖職禄が授けられる場所で一、〇五〇が払い込まれるよう求めているのであれば、その証書は、一、〇五〇についてそれはもともと提供され、ある期日まで払い

5　アントニーヌスがこのように記しているのは、主著、『神学と道徳の大全』（*Summa theologica moralis*）の一節においてである。筆者は、ただし、未見で、引用はNoonan（1957）, pp. 189-190に拠っている。

込まれることになっている額であると装うのである。それゆえ、〔叙階された聖職者からの〕払い込みが遅れるなら、さらに五〇が上乗せされて払い込まれることを業者は要求する。

なるほど為替手形を引き受けて資金を提供しようとするからには、その決済が速やかに、かつ、たしかに行われるような拠点を随所に立ち上げるという努力がなされねばならないことにくわえて、種々の危険も負わねばならなくなる。為替レートに予期されなかった変動が生じるかもしれない。かりにそれは無視できるとしても、為替手形を振り出して資金の提供を受けた側が約束のとおりに払い込みを済ませるとはかぎらないという危険もつきまとう。したがってメディチのように為替手形を引き受けて資金を提供した側が、そのことからなにほどかの利益を得たとしても、それは、そうした危険負担に報いるものとみなしうるものであり、必ずしも不当とはいえない。今、わたし達が取り扱っている事例、〈初年度献上金〉立て替えのために振り出された為替手形を引き受けるという事例についていえば、それは、教皇庁の基金拡充に、それも何らかの崇高な目的のための基金拡充に寄与する行為でありうる。そうした崇高な目的に寄与するためにすすんで危険を負うということであるなら、そのことから何がしかの利益を得るのは不当ではないし、アントニーヌスもそうみなすことに異を唱えるはずはないであろう。

アントニーヌスは、けれども、〈初年度献上金〉を立て替えてもらった聖職者が、「あたかも元金の一部であるかのように装って」行う「五～七％の追加の払い込み」はそうした危険負担に報いるものとはみなしえないと主張しているのである。というのも、すでに述べたように、約束されている期日までに払い込みを済ませない聖職者には、立て替えを依頼された事業家ないし金融業者の申し立てにしたがって破門を含む厳しい罰が科されることになっていた。それゆえ、叙階を受けた聖職者が約束を違えるおそれはさほどあるまいとアントニーヌスは判断しているのである。自身も叙階された経験のあるひとの、また、〈初年度献上金〉の立て替えを依頼したいく人もの聖職者と接する機会もあったとみられるひとの判断であり、おそらく、誤った判断ではないであろう。

とすれば、「五～七％の追加の払い込み」、あるいは叙階された聖職者によって届けられるのがつねであった〈贈り物〉は正当化する余地のないもの、つまり、ウスラにひとしいものというほかない。こうしてアントニーヌスは、〈初年度献上金〉の立て替えは、端的にいって、金を貸し与える行為にほかならず、その際、為替手形を振り出させ、それを引き受けたのは、金を貸し与えてウスラの支払いを迫る行為をそうではないかのように装うため以外のなにものでもないと述べてこの慣行を批判しているのである。

また、やはり前章で言及したように、大きな〈贈り物〉が期待される聖職禄が授与されることになったとき、メディチは、〈初年度献上金〉の立て替えが自分のところに依頼されるよう、教皇庁のしかるべき地位の聖職者に賄賂を贈ることも辞さなかったともいわれる。それが事実であるなら、〈初年度献上金〉の立て替えを通してメディチが得た利益は忌むべきものであったという疑いは、さらに、打ち消しがたいものとなる。

叙階され、聖職禄を授けられた聖職者に〈初年度献上金〉を納付させるという慣行はさらに、もうひとつの重大な批判にさらされてきた。叙階が〈初年度献上金〉といわば引き換えになされるからには、どのように弁護されるにせよ、それはまことに罪深い行為、聖職の売買（*simonia*）にほかならないという批判である。[6] 納付された〈初年度献上金〉は崇高な目的のための基金拡充の一助となるといった釈明で覆い隠せる罪ではない。しかも、納付先が教皇庁であるということは、教皇庁が、あるいは教皇が自らこの罪深い行為にかかわったということになる。すすんで多くの〈初年度献上金〉の立て替えを引き受けたコジモの時代のメディチもそれに加担したといわれても仕方がない。

こうしてみると、為替手形を引き受けてメディチが得ていた利益は、大方、宥恕されてよいものであったと言い切るのは控えねばならない。すくなくとも一部については、ウスラをむさぼる行為をそうではないかのように装って得られた〈忌むべき利得〉であったという疑いを、さらには聖職の売買に加担して得られた罪深い利益であったという疑いを払拭できないからである。

一方、教皇庁やさまざまの層の聖職者達から寄託された金を事業に投じて得た収益は、宥恕されてよいとみなしうるものであっただろうか。これについても、そうであったと言い切るのはすこしく、ためらわれる。

6　この慣行は、とりわけ、十四世紀から十五世紀初頭にかけての改革派といわれる聖職者達、ジョン・ウィクリフ（一三二〇頃～一三八四年）やヤン・フス（一三六九～一四一五年）によって手厳しく批判された。

三　寄託と危険の共有

金銭の寄託から利を得ることが宥恕されてよいとみなされうるか否か、それは、寄託者に、今、わたし達がかかわっている事例についていえば教皇庁ないしさまざまの層の聖職者達に、寄託された金が投じられた事業、つまりメディチの事業の成功、不成功にかかわらず、一定の利払いがなされることになっているかどうかにかかっている。その事業につきまとう危険を、あるいはそれが現実のものとなったときに生じうる損失を、寄託者は一切、負わないという取り決めになっているかどうかにかかっている、そういってもよい。このことによって区別される寄託の二つのあり方を対比させて考えてみる。

a　寄託者は危険を一切、負わず、受寄者の事業が損失を出したときにも一定の利払いを受けるという取り決めになっている場合

b　受寄者の事業が成功し、利益を生み出したときにのみ、そのどれだけかが受寄者の裁量によって寄託者に分配されることになっている場合

寄託がaのように行われるとすれば、それは事実上、寄託者を貸し手とし、受寄者が借

り手となる金銭の貸与と変わらない。利払いは、それゆえ、ウスラ、もしくはかぎりなくウスラに近いものとみなされることになる。ウスラをむさぼろうとするにひとしいそうした寄託はもとより有恕されえない。聖職の売買という疑いがつきまとう〈初年度献上金〉納付という慣行と同様に、教皇庁やさまざまの層の聖職者達が、自ら罪深い行為にかかわってしまったとみなされることになる。〈教皇官房付き受寄者総代〉であったメディチもまた、それに加担したと、あるいはそういう機会を提供したと咎められても仕方がない。ベルナルディーヌスやアントニーヌスがこうした寄託に強い懸念を表明したのは当然である。たとえばアントニーヌスは以下のように述べている。(7)

働くことを欲しない身分の高い人びとは、どんどん使っていくにつれ金が乏しくなってしまうことのないよう、それを商人、もしくは金融業者に託す。……託した金は安全に保たれながら、同時に年々、何がしかを受け取ることを求めて。かれら〔身分の高い人びと〕はこれを寄託と呼んでいるが、それはあきらかに〔金を貸して〕ウスラ〔を得ようとすること〕にほかならない。

……本来の寄託は、受寄者が自身の過失によって〔託された金を〕失ったのでないかぎり、〔損失を被る危険は〕受寄者ではなく寄託者が負うことで成り立つ。〔受寄者に危険を負わせたまま〕寄託者が利を得ようとするのではなく。

けれども、〔今、取り上げている〕わたし達の事例については、〔起こりうる〕すべての事

7 これも、アントニーヌスの主著、『神学と道徳の大全』の一節である。ただし、引用は Noonan (1957), p. 174 に拠っている。

態について受寄者が危険を負い、そのことによって寄託者は利を手にすることになるのである。

危険を負うことを一切、拒みながら、なおかつ、一定の利払いを求めるのは、すでに自分の所有物ではなくなっているものの利用に対価を支払うようせまることにほかならない。**a**のような寄託は、それゆえに、金を貸し与えてウスラをむさぼろうとする行為をそうではないかのように言い繕うものでしかない、そうアントニーヌスは述べているのである。アントニーニスはさらに、次のように言い添え、託された金を投じた事業が首尾よい結果となり、受寄者が寄託者への利払いをしたあと、なお、大きな利益を手にすることがあるとしても、それは、事業に注がれた受寄者の努力によるものであり、そうした努力をすることのない寄託者の得た利払いが、また、危険を負うことも拒んだ寄託者の受け取った利払いが宥恕されえないものであることは、そのことによって何も変わらないと指摘している。[8]

受寄者が〔身分の高い人びとから託された金を事業に投じて〕大いに潤ったとしても、そのことは〔かれら身分の高い人びとが申し立てることのできる〕抗弁とはならない。というのも、〔受寄者が〕得た利益は貨幣そのものというよりかれの努力〔が産み出したもの〕であるし、かれはまた、損失を被る危険を負って金を引き受けたのである。一方、寄託者〔である身分

8　Noonan (1957), p. 174.

の高い人びと」は、危険を共有することを拒んだのであるから。

ヌーナンも述べているように、こうした仕方の寄託が、身分が高く、自ら額に汗して働こうとしない人びとによって、なかでも高位聖職者によってしばしば行われていることをよく知っているひとの発言とみてよいであろう。

　これに対して前記bのように行われる寄託、前章で触れた裁量的寄託と呼ばれる寄託は、実質的には受寄者をパートナーとするソキエタスへの寄託者による出資であるとみることができる。寄託者が受寄者をパートナーとしてソキエタスを組み、その事業に資金を出資したとみることができるのである。しかも、寄託者は予め定められた利払いを受けるのではなく、受寄者の事業が成功して利益をもたらしたときにのみ、一部をその裁量で分け前として受け取る。そして、利益が生じなかったときにはなにも受け取ることができないということは、寄託者ないし資金を託した側も危険から完全に隔離されてはいないということを意味する。受寄者の事業につきまとう危険を共有しているということもできよう。

　このような寄託は、したがって、そうあらねばならないとされたあり方のソキエタスへの出資とみてよく、受寄者の事業が首尾よく運んだときに利益の分配として何がしかを受け取ることは有恕されてよいとみなされるようになっていたことも、先に第二章でみたとおりである。もちろん、受寄者が利益の残りを自分のものとすることにも何ら非とされるところはない。aのような寄託について容認できないと主張したベルナルディーヌスとアントニーヌスも、格別、懸念を表明することはなかったようである。

ただし、教皇庁やさまざまの層の聖職者達とメディチ・ローマの間で行われた寄託が、事実、また、例外なくbのようであったと言い切ることはできない。けれども、前章でみたようにド・ルーヴァーは大方、bのような寄託ないし裁量的寄託であったと述べている。それゆえ、ド・ルーヴァーにしたがっていえば、メディチは教皇庁や聖職者達にウスラをむさぼるにひとしい行為にかかわる機会を提供したとして、罪を問われることはないといってよいということになる。かれらから寄託された金を投じて利益を得ていたことについても同様である。

四　〈教皇官房付き受寄者総代〉

その場合にも、しかし、教皇庁との間に緊密な関係を築いて〈教皇官房付き受寄者総代〉という職位を手に入れるために、そして、多額の資金を受寄するためになされたことを考え合わせれば、メディチが得ていた利益は、不当なものではなかったということには、慎重でなければならない。父ジョヴァンニの代からつづけられた教皇や聖職者への支援には罪深い行為に加担しているという疑いがつきまとうからである。

コジモは、もっとも、父ジョヴァンニほどには特定の聖職者、とくに教皇に肩入れすることはなく、むしろ一定の距離を置こうとしたとされる。たとえば、トルコに対して十字軍を起こすべく奔走した教皇ピウス二世（在位一四五八～一四六四年）からコジモは、フィレンツェ共和国が挙げて協力するように計らってほしいと要請された。事実、教皇は一四六三年、コジモを訪ね、また書簡を送ってフィレンツェがガレー船二艘を建造するよう計らってほしいと要請したという。コジモが、共和国の事実上の統治者であるとみてのことであろう。しかし、ホームズによればコジモは、異教徒の手からキリスト教国を守るためにという教皇の要請に否というつもりはない、けれども自分は一私人であり、私人としてなしうること以上はできかねると応じたといわれる。[9] バルダッサーレ・コッサに、あるいは教皇ヨハンネス二十三世につづけられたジョヴァンニの支援とくらべてみると、聖職者や教皇への接し方において、コジモは父と一線を画していたといってよいかもしれない。

とはいえ、教皇庁との緊密な関係を維持し、〈教皇官房付き受寄者総代〉という職位を確保することはコジモの時代においても、何はさておき、実現させねばならないことであり、そのための労や支援は惜しむことなくつづけられた。なるほど、そうした労や支援のうち、バーゼルに拠点を立ち上げたこと、また、教皇とともにローマの拠点を移動させたことについていえば、それを非とする理由はとくにない。

けれども、ローマにはさまざまの願望を、とくにより高位の教会職に任じられたいという願望を抱く大勢の聖職者が群がっていた。かつて、バルダッサーレ・コッサがそうであ

9　ただし翌年、ピウス二世が他界したため、十字軍の派遣は教皇が企てたようには行われなかったようである。Holmes (1992), pp. 26-27.

ったように。そして、かれらのなかには己の望みを実現させるためにあちらこちらに手当てしようとした金を事業家や金融業者に、たとえばメディチに無心し、メディチもそれに応じるということがあったかもしれない。労を惜しまず築いてきた教皇庁との関係が損なわれてしまうという事態は避けねばならず、それゆえ、かれらの懇願をことごとく払いのけることはできなかったであろうから。

真偽のほどを確かめるのは容易でない。しかし、そのようなことがあったとすれば、〈教皇官房付き受寄者総代〉としてのメディチに寄託された資金をさまざまの事業に投じて得られた利益は、すくなくともその一部は、元をただしてみれば、聖職の売買という罪深い行為に加担して獲得されたものだといわれても抗弁できそうにない。自身も高位聖職者のひとりであり、ローマで何が行われているか、知りつくしていたであろうアントニーヌスもこのことについて、懸念を表明したという[10]。

このようにみてくると、教皇庁からの寄託それ自体は不当とはいえない仕方で行われていたとしても、つまり、それが投じられた事業が利益をもたらしたときにのみ、受寄者の裁量で利益の一部が寄託者に還元されるという仕方で行われていたとしても、〈教皇官房付き受寄者総代〉という職位を手に入れ、確保するためにメディチのつづけた行為は、教皇庁やさまざまの層の聖職者との間でなされた寄託に、忌まわしい影を落とすものであったという疑念を否定することはできそうにない。

ド・ルーヴァーによれば、メディチは、街中の質屋のように困窮している隣人や同胞か

10 Noonan (1957), p. 190. なお、ダンテの物語るところによれば、聖職や聖物を売りひさいだ者は地獄第八の圏谷に堕とされ、罰せられるが、そのなかには二人の教皇が混ざっている。教皇までが聖職や聖物の売買に手を染めることがあったとされているのである。ダンテ・アリギエーリ『神曲』地獄篇、第十九歌。ただし、この悪弊が、事実、ダンテの物語るとおり、はびこっていたのかどうか、またコジモの時代においてはどのようであったか、はっきりとは分からない。けれども、アントニーヌスが懸念を抱いていたとすれば、それに手を染める者が依然として後を絶たなかったということであろう。

ら高利をむさぼる罪深い生業に手を染めたことはなかったとみてよいという。[11] すくなくともヴィエーリ・ディ・カンビオやジョヴァンニ・デ・メディチ以降については、そのとおりだったのであろう。けれどもコジモの時代のメディチには、それに劣らぬほどの罪深い行為に、教皇庁や高位聖職者との間でなされたという意味では、一層、罪深い行為にかかわっていたという疑いが打ち消しがたくつきまとう。

11 de Roover (1963), p. 15.

第七章　コジモ・デ・メディチのパトロネージ

一　大パトロンの時代

パトロネージという言葉は通常、絵画や彫刻の制作に、あるいは作曲に、また、学知の探求に生涯をささげようとする人びとの生き方に共感し、かれらを支援しようとする活動を指す。ここでは、しかし、よりひろい意味でこの言葉を用いたい。つまり、パトロンの個人的な興味や関心にかなう支援だけでなく、世に何かしら善きものを行き渡らせるような活動への支援、貢献をひろくパトロネージと呼びたいのである。したがって、画家や彫刻家、文人達の創作活動の後援だけでなく、困窮している人びとを救済するための活動の支援、民衆のなやみや苦しみを和らげることに結びつく施設の建設や運営への寄進等がすべてパトロネージとみなされる。さらには、多くの人びとに災禍をもたらすような、あるいは、無用の対立や不和を生ぜしめるような原因を取り除こうとする企てへの貢献も同様にパトロネージとみなされることになる。

さて、コジモ・デ・メディチは大パトロンの時代といわれるルネサンス期、その大パトロンのひとりであった。なるほど、画家や彫刻家の支援にかぎっていえば、半世紀ほど後の二人の大パトロン、教皇ユーリウス二世（在位一五〇三～一五一三年）とフランス国王フランソワ一世（一四九四～一五四七年）には比ぶべくもないかもしれない。教皇宮殿の〈システィーナ礼拝堂〉や〈署名の間〉を飾り、ルネサンス期を代表するとされる作品をミケランジェロとラファエルロに制作させたユーリウス二世、思うさま絵画を制作できる境遇を求めていたとされるレオナルド・ダ・ヴィンチにそのような場を提供し、〈モナリザ〉をはじめとする作品の数々を描かせたフランソワ一世には比ぶべくもないかもしれないのである。(1) けれども、コジモのパトロネージは多様で多方面にひろがっている。画家、彫刻家、あるいは建築家の、そして文人達の支援のみならず、いくつもの教会や修道院の造営と改修への寄進、困窮している隣人、同胞や不幸な星のもとに生まれた赤子の救済と庇護のための支援、そしてキリスト教世界全体にわだかまっていた不和を解消させるべく企てられた公会議開催への働きかけと費用の負担など、実に多様で多方面におよんでいるのである。こうしたパトロネージのひろがりを視野に入れていえば、コジモは、ユーリウス二世やフランソワ一世をも超えるような大パトロンであった、そういってよいかもしれない。しかもコジモは教皇でも国王でもなく、一事業家である。

ひとりの事業家コジモ・デ・メディチをこうした多様で多方面にわたるパトロネージへとうながしたもの、それは何だったのだろうか？　以下、本章ではコジモのパトロネージをいくつかに類別して紹介し、次いで次章においてこの問への答を探ってみたい。

大パトロンであるためには、ただし、それに足る富をもっていなければならない。富者でなければならないのである。コジモは、さて、どれほどの富者であったか。

1　ユーリウス二世とフランソワ一世のパトロネージについては、高階（1997）、四二〜六四頁に興味深い紹介がある。なお、画家アングルが〈レオナルド・ダ・ヴィンチの死〉に描いたように、フランソワ一世は死の床にあったダ・ヴィンチを見舞い、膝の上に抱きかかえてその苦しみをやわらげようとしたという。真偽のほどは、ただし、さだかでない。

二　富者コジモ

慢性的な歳入の不足に悩まされていたフィレンツェ共和国政府は、十四世紀半ば（一三四三〜四五年）に新たな方策を講じた。これまでに何度か言及したようにモンテ・コムーネと呼ばれる国庫補塡のための基金を創設し、この基金への拠出を人びとに求めたのである。五％の利払いが〈贈り物〉として約束されていたこともあってか、当初は、不足分を補うに足る拠出申し込みがあったという。けれども、断続的につづいた近隣諸国との抗争の結果、とくに十四世紀末から十五世紀初頭にかけてピサ、ルッカ、そしてミラノと相次いで事を構えた結果、歳入の不足は膨張し、自発的な拠出に頼るという仕方では到底、補えなくなる。そこで保有する資産に応じて人びとに拠出を割当るという方式、資金の徴発といってよい方式によらざるをえなくなっていたが、それでもなお、必要な歳入の確保は覚束ないという有り様であった。

止むなく、共和国政府は追加的な方策を講じた。一四二七年、カタストと呼ばれる資産への税が導入されたのである。[2]

税の導入にともなって、フィレンツェ共和国に居住するすべての世帯は、保有する資産について申告することを義務づけられた。不動産はもとより、モンテ・コムーネへの拠出

2　カタストについての以下の説明は de Roover (1963), pp. 23-31 に負っている。

額や事業に投じられた資本ないし出資金などの流動資産、さらには奴隷の数まで申告しなければならなかったという。事業への出資金についていえば、国外に立ち上げられた拠点に投じられた分ももれなく申告するよう求められた。また、保有資産の価値を評価するため、事業収益の状況を示す諸表――ポルターテ（*portate*）と呼ばれた――も添付しなければならなかったという。そして、この資産評価額に対して〇・五％の税が課されたのである。[3]

カタストの徴収は、ただし、毎年、行われたわけではない。税が導入された一四二七年から撤廃された一四九五年までの間に三年から十年ほどの間隔をおいて都合九回、徴収されたのである。そして、幸いなことに一四五七年に行われた七回目の徴収についての記録が完全な状態で保存され、今日に伝えられている。コジモ・デ・メディチの時代、しかも、メディチの事業が繁栄の頂点に達した頃の記録である。

その記録によるとこの七回目のカタストにおいては全世帯（一〇、六三六世帯）の三割弱が困窮世帯（*miserabili*）であるとして税を免除されている。残る七割強に相当する七、六三六世帯は保有資産を申告し、税を納めているが、大半の世帯（五、七二〇世帯、納税した世帯の七四・九％）が納めたのは一f未満であった。一方、一〇f以上を納税したのは二二七世帯（全世帯の二・一三％）、さらに五〇f以上はわずか一一世帯に過ぎなかった。[4]ほんの一握りの人びとだけが大きな富を保有しているというのが、十五世紀中葉のフィレンツェにおける世帯間の資産ないし富の分布であったことがうかがわれる。そして、税を免除された世帯が三割近くに上ったということは、それだけ多くの貧しい人びと

3　ド・ルーヴァーによれば事業にかかわる資産価値の評価は、実現したもの、またあったはずだとみなされたものも含めた事業収益を〇・〇七で除して推計されたという。七％の割引率で資産の価値が評価されたのである。なお、ド・ルーヴァーは、カタストは資産ではなく所得に対する税であったと述べているが、その説明は不可解である。ド・ルーヴァーが述べていることの全体からしても、資産への税であったとみてよいと考えられる。de Roover（1963）, pp. 23-26.

4　以上の数字は、de Roover（1963）, p. 29, Table 4 によっている。

表5　1457年のカタストにおいて50f以上を納めた納税者一覧

1	コジモ・デ・メディチ	576
2	ジョヴァンニ・ダメリーゴ・ベンチの相続人	132
3	ジョヴァンニ・ディ・パオロ・ルチェッライ	102
4	カステッロ・ディ・ピエーロ・クゥアラテシ	98
5	タナイ・ディ・フランチェスコ・ネルリ	88
6	ヤコポ・ディ・アンドレア・デイ・パッツィ	84
7	アンドレア・ディ・ラポ・グアルディ	70
8	ジーノ・ディ・ネリ・ディ・ジーノ・ディ・ネリ・カッポーニ	63
9	ヤコポ・ディ・ピエーロ・バロンチェッリ	60
10	アンドレア・ディ・フランチェスコ・バンキ	54
11	アントニオ・ディ・アンドレア・デイ・パッツィの息子達	51
	合　計	1,384

が、手をこまねいていれば悲惨な境遇に追い込まれかねない人びとがいたということを示している。後にも触れるように、そのような人びとに支援の手をさしのべることは、フィレンツェにあって、さしせまった要請だったのである。半世紀あまり前のことであったとはいえ、〈チョンピの乱〉は、共和国を統治している人びとや富裕層にとって、忘れてはならない出来事であったにちがいない。

そうしたなかにあってコジモないしコジモを当主とする世帯は五七六fを納税しており、第一位の、それも飛び抜けた多額納税者であった。第二位はジョヴァンニ・ダメリーゴ・ベンチ、第四章において何度か言及したようにコジモの共同経営者であり、メディチの事業全体の総支配人であったひとの相続人からなる世帯である。納税額は一三二fであった。相続人からなる世帯といったのは、ベンチが一四五五年に他界しているからである。また第三位は一〇二fを納めた金融業者ジョヴァンニ・ディ・パオロ・ルチェッライを当主とする世帯であり、一〇〇fを上回る税を納めたのは、これら三つの世帯だけであった[5]〔表5〕。

さて、この五七六fという納税額と〇・五%という税率からすると、課税対象となった資産の評価額は一一五、〇〇〇fほどであったということになる。カタストには、ただし、不動産についての管理費用など控除してよいとされたいくつかの費目がある。ド・ルーヴァーは、こうした点も考慮するとき、一四五七年にコジモないしコジモを当主とする世帯が保有していた資産は一二二、六六九fであったと推計している[6]。当時のフィレンツェでは、二〇〇fほどもあれば、まずまずの家を一軒、手に入れることができたという[7]。コジモは相当の富者であったといえよう。

しかもド・ルーヴァーに従っていえば、実際にコジモが保有していた資産は、この推計額を大きく上回るものであったとみられる[8]。というのも、ひとつには、居住用の家屋は申告を義務づけられていなかったからである。メディチの私邸パラッツィオ・メディチ、今はメディチ・リッカルディ宮殿と呼ばれている邸宅やいくつもの別荘がそうであるように、どれほど豪壮なものであっても、居住用の家屋は申告する必要はなかったのである。また、当時のフィレンツェでは、保有資産を過小に申告することが富裕層の間で当たり前のように行われており、一四五七年のカタストに際してメディチの行った申告もその例に

5 表5も含めて以上の説明はde Roover (1963), p. 31, Table 5によっている。なお、上記三世帯につづく多額納税者のなかには、当時、メディチのもっとも有力な競争相手であるとされたパッツィ (Pazzi) 一族の二つの世帯が含まれている。納税額は、ただし、二世帯合わせても一三五fにすぎない。

6 de Roover (1963), p. 26, Table 1.

7 高階 (1997)、三二頁。また、十五世紀初頭の、したがってコジモではなく父ジョヴァンニの時代のことになるが、フィレンツェやローマの拠点における雇い人の年俸は五〇f程度、共同経営者に次ぐ職位にまで昇進した幹部社員でもせいぜい二〇〇fほどであったという。de Roover (1963), pp. 44-45.

8 de Roover (1963), pp. 24-25, 73-74.

もれない。たとえば、ブルージュの拠点に投下されていた出資金は九、〇〇〇fであったのに納税に当たっては三、五〇〇fであると申告されていた。ミラノの拠点にいたっては、一三、五〇〇fの出資金がわずか三、〇〇〇fと申告されていたという。

コジモはそうありたいと欲するなら、ルネサンス期屈指の大パトロンでありえたし、現にそうであった。

三　コジモ・デ・メディチのパトロネージ

学芸へのパトロネージ

画家、彫刻家、建築家の支援

コジモは数多くの画家、彫刻家、あるいは建築家を支援した。画僧フラ・アンジェリコをはじめ、画家ベノッツォ・ゴッツォリ、フィリッポ・リッピ、彫刻家ロレンツォ・ギベルティ、メディチの私邸パラッツィオ・メディチや後述するサン・ロレンツォ教会、そしてサン・マルコ修道院等、コジモが造営や改修にかかわったいくつもの建物の設計を担った建築家ミケロッツォ・ディ・バルトロメオとフィリッポ・ブルネッレスキ……、かれら、あるいはかれらの工房にとって、コジモの依頼や斡旋は大きな支えとなっていたにちがいない。

なかでも、手厚い支援を受けたのは、〈ダビデ像〉や〈ユディとホロフェルネス像〉など数々の作品を手がけた彫刻家のドナテッロ。コジモは実際、

> ドナテッロとはたいそう親しく……〔その〕ドナテッロが仕事なしで過ごさないように、サン・ロレンツォ聖堂のためのブロンズの洗礼盤の制作を委託した。また聖具室のいくつかの扉も制作させ、毎週銀行に命じてドナテッロがかれとかれの使っている四人の徒弟に十分なだけ〔の〕金……を受け取れるようにした。このようにしてかれの生活を維持した

のだという。[9] コジモはさらに、破天荒で金にも無頓着であったドナテッロの老後を心配し、自分の他界後もその生活が立ち行くように気配りすることを息子のピエーロに命じたという。[10] また、ドナテッロも他界したときは、遺骸を自身の墓の近くに埋葬するよう言い遺してもいる。一四六六年、コジモの後を追うように他界したドナッテッロの遺骸は、そのとおりサン・ロレンツォ教会の地下、コジモの棺のほど近くに埋葬された。

生前のドナテッロがどのように感じていたか、それは分からない。その性分からすれば、

9　Vespasiano da Bisticci, *Le Vite* vol. II, pp. 193-194.（岩倉・岩倉・天野訳、三三六頁）

10　森田が、美術史家ヴァザーリの言葉として紹介しているところによれば、コジモの他界後ピエーロは、その遺志に従い、カファジョーロというところの農地をドナテッロに贈り、そこからの収入で不自由なく暮らせるように気を配ったという。ドナテッロは、しかし、農民とのつき合いが面倒で、農地を返上してしまう。そこでピエーロは農地からの収入と同じくらいの金を与えつづけることにしたという。森田（1999）、一二四頁。

ときには、余計なおせっかいだと感じることもあったかもしれない。けれども、コジモはパトロンという言葉の元々の語義のとおり、ドナテッロを息子であるかのように庇護しようとしたといえようか。コジモの方が三つほど年下であったが。

アカデミア・プラトニカ（*Academia Platonica*）

先に第三章でも紹介したひと、書籍商を営むかたわら、コジモをはじめフィレンツェゆかりの人びとの評伝を数多く書き遺したひと、ヴェスパシアーノ・ダ・ビスティッチによれば、コジモは「ギリシア語とラテン語にこの上なく造詣が深いうえに」、「キリスト教と異教を問わずラテン文学に〔も〕非常に造詣が深かった」という。[11] コジモが、ただし、この書籍商のいうとおりラテン語に、さらにはギリシア語にも堪能であったかどうか、たしかなことは分からない。同時代を生きたひとの、そして大切な顧客のひとりであったコジモについての証言ではあるが、いくぶん、控えめに受けとめた方がよいのかもしれない。けれども、父ジョヴァンニの望みで年少のころからラテン語を学び、ギリシアやローマの文物に接する機会のあったコジモは、次第に、それらに魅了されるようになっていく。青年期には、いく人もの文人達、人文主義の文人達と親交をもち、かれらの談論の輪に加わるようになったという。レオナルド・ブルーニ、ポッジョ・ブラッチョリーニ、ロベルト・デ・ロッシ、そしてアンブロージオ・トラヴェルサーリ等の文人達からなる談論の輪である。[12] ケントによれば、なかでもロベルト・デ・ロッシは十五世紀初頭のもっとも優れ

11 Vespasiano da Bisticci, *Le Vite* vol. II, p. 168.（岩倉・岩倉・天野訳、三一九頁）

12 ホームズによれば、父ジョヴァンニが多年、支援しつづけた教皇ヨハンネス二十三世が退位させられた公会議のおり、コジモも開催地コンスタンツに滞在していて、そのとき、教皇に同行していたポッジョ・ブラッチョリーニやレオナルド・ブルーニと接する機会をもったという。醜聞につつまれていた教皇ではあるが、こうした文人達を引き寄せ、かれらに囲まれるという一面もあったようである。Holmes（1968）, pp. 373-374.

た人文主義の文人であり、コジモはこのひとに兄事して多くを学んだという。アンブロージオ・トラヴェルサーリはまた、コジモにとって、東方の、すなわちギリシアの知的遺産への導き手であったという。[13]

そのようなコジモについて森田は、「家督相続のために志を折った人文学者志望者」であったと述べている。家業を継ぐことを当然のこととして期待される生まれでなかったとすれば、つまり、メディチ家の長男という生まれでなかったとすれば、さまざまの古典を読み、思索を重ねることに生涯を捧げようとしたかもしれないと述べているのである。[14] 無論、森田の述べるとおりであったかどうか、それは分からない。ただ、コジモが、ギリシア、ローマの古典にあこがれにも似た気持ちを持ち、それらに造詣の深い人びとに畏敬の念を抱いていたのはまちがいないとみられる。かれらとの談論を何よりの楽しみとしていたこと、それもまちがいないであろう。

そして、そうしたコジモに、すこし後に触れる〈フィレンツェ公会議〉は、すなわち、ながく離反していた東西両教会を合同させるべく開催された公会議は願ってもない機会をもたらした。というのも、公会議に来訪した東方教会の代表団には、卓越したプラトン学者とされるベッサリオンをはじめ、ギリシア、ローマの古典に、とりわけプラトンに造詣の深い随員がいく人も同行していたからである。[15]

なかでもコンスタンティノープル出身の哲学者、ゲミストス・プレトーン、プラトンに傾倒するあまり、名をゲオルギオスからプレトーンに改めたとされる哲学者は、公会議が

13 Kent (2000), pp. 23-25.

14 森田（1999）、一〇七頁。

15 最初の公会議が開かれた地、ニカイアの大主教。ただし、〈フィレンツェ公会議〉の後、イタリアに移住し、枢機卿に任じられている。以後、教皇特使として欧州各地を訪れ、教皇権の立て直しに尽力したとされる。また、若年のころ、すぐ後に触れるプレトーンの下で哲学を学んだベッサリオンは、プラトンについてより精確な理解を説き、イタリアの文人達に大きな影響をおよぼしたという。数多くのギリシア古典の写本をイタリアにもたらしてもいる。

終わった後もフィレンツェに留まり、依然としてアリストテレスの影響が色濃かったイタリアの思潮に、やがて〈新プラトン主義〉と呼ばれるようになる新風を吹き込んだといわれる。コジモは、このプレトーンと言葉を交わす機会を何度ももち、大いに楽しんだ。そしてこの経験は、そうした新しい風を導き入れ、談論する場をフィレンツェにつくるという構想に結びつく。

この構想実現のため、コジモは、自身の侍医の息子であったマルシーリオ・フィチーノに期待を寄せ、申し分のない環境を整えてギリシア語、ラテン語の習得と古典の研究に専念させた。ヴェスパシアーノ・ダ・ビスティッチによれば、フィレンツェに住居を整え、メディチの別邸が置かれていた土地カレッジにも地所を買い与えて「かれと二人の連れが生活できるようにしてやった」のだという。[16]

フィチーノも期待に応え、やがて卓越したプラトン学者となる。ブラウンによれば、フィチーノはコジモを完徳のひとと讃え、そうしたコジモから託されたことを、たとえば『対話集』をはじめとするプラトンの著作の訳業をみずからに与えられた聖なる使命であると語っていたという。[17]そして、そのようなフィチーノを先導者として立ち上げられた知的サークル、それが実現された談論の場、アカデミア・プラトニカ（プラトン・アカデミー）である（一四六二年）。

アカデミア・プラトニカはコジモの孫、ロレンツォの時代になると新しい思潮に触れ、心酔した文人達が集う、華やいだサロンのようになったといわれる。そのなかでも、一際、

16 Vespasiano da Bisticci, *Le Vite* vol. II, p. 204.（岩倉・岩倉・天野訳、三四五〜三四六頁）

17 Brown（1961）, p. 202.

輝いていたのは、ロレンツォ自身であり、それが、このひとがロレンツォ・イル・マニフィコ（Lorenzo il Magnifico）と呼ばれた所以のひとつといってよいかもしれない。なお、アカデミア・プラトニカ（*Academia Platonica*）という呼称は、紀元前三八七年、アテナイ郊外にプラトンによって開かれたとされる学校アカデメイア（*Academeia*）にならったものだという。

教会、修道院の造営、改修

サン・ロレンツォ教会とサン・マルコ修道院

後にも触れるようにルネサンス期のフィレンツェでは、教会や病院のように多くのひとが集い、利用する施設の造営や改修は大方、アルテ（同業者組合）の寄進を得て行われた。かれらはたとえば、聖堂や洗礼堂の造営にすすんで寄進し、改修のおりにはそれらを飾る彫像を献呈したとされる。高階によれば、オル・サン・ミケーレ聖堂の外壁を飾る数多くの聖者像は、その格好の例であり、いくつもの組合が、それぞれの守護聖人の像をギベルティやドナテッロ等に依頼してつくらせ、競い合うように献呈したのだという。[18]

　コジモは、しかし、だれの助力も求めず、すべてを、あるいは大半を自ら負担して数多くの教会や修道院の造営と改修をなさしめた。サン・ロレンツォ教会やサンタ・クローチ

18　高階（1997）、一八～二四頁。

ェ教会、そしてサン・マルコ修道院、また、フィレンツェの北隣りの街フィエーゾレのアウグスティヌス会バディア修道院、さらにはヴェネツィアのサン・ジョルジョ・マッジョーレ修道院等、フィレンツェのうちそとを問わず、いくつもの教会や修道院の造営と改修をなさしめたのである。コジモによるこうした支援は、さらに、イタリア半島内だけにとどまらず遠くはなれたところにまでおよんでいる。エルサレムから来訪した修道僧の訴えに応えて、傷みが激しくなっていた施設、貧しい巡礼や病を得た巡礼のための宿坊のような施設を修復させたとされる。[19]

　これらのうちサン・ロレンツォ教会はメディチが属する教区の教会である。サン・ロレンツォ教会はまた、父ジョヴァンニと母ピッカルダ・ブエーリの遺骸が安置された教会であり、やがて、コジモ自身も埋葬されることになる。

　父ジョヴァンニの代に始められたその大がかりな改修は、コジモにも引き継がれ、休むことなくつづけられた。一四四〇年、コジモは末弟のロレンツォを病で失うが、以後、それまでにも増して熱心に、弟の守護聖人の名を冠した教会の改修にかかわったという。[20]改修には、ただし、半世紀あまりの歳月を要したようで、完成をみたのはコジモ他界後のこととされる。設計はブルネッレスキ。ヴェスパシアーノ・ダ・ビスティッチによればコジモは建築についても造詣が深く、その依頼を受けた建築家がみな、そうしたように、ブルネッレスキはしばしば、コジモのもとを訪れ、建物の模型をみせながら意見を求めたという[21]〔図版1〕。なお、改修に際して、この教会の聖具室はメディチの家族礼拝堂に仕立て

19　Vespasiano da Bisticci, *Le Vite* vol. II, pp. 180-181.（岩倉・岩倉・天野訳、三二八頁）。なお、『フィレンツェ史』第七巻でマキャヴェッリは、コジモの人となりと統治者として功績を讃え、また、その寄進を得て造営や修復がなった教会や修道院を列挙しているが、この施設もそのひとつに数えられている。在里・米山訳、三三一～三三二頁。なお、森田によれば、コジモはパリ大学のフィレンツェ人学寮建設にも支援を寄せたという。森田（1999）、二六頁。

20　Kent（2000）, p. 185.

21　Vespasiano da Bisticci, *Le Vite* vol. II, p. 194.（岩倉・岩倉・天野訳、三三六～三三七頁）

図版1　サン・ロレンツォ教会の模型を示してコジモの指示を仰ぐブルネッレスキとギベルティ（ジョルジョ・ヴァザーリ，ヴェッキオ宮殿）

られている。また、サン・ロレンツォは教区の、もしくは教区を含む地区（黄金のライオン《リオン・ドーロ》と呼ばれた）の教会であり、その改修にあたって、有力な住民はそれぞれの意見を述べ、要望を出すことができたとされる。にもかかわらず一四四〇年代になると、改修はメディチの意向に従って行われるという了解が成り立った。ケントや石鍋が示唆するように、そのことにも反メディチ勢力とのせめぎ合いを経てメディチ・レジームが確立され、コジモの存在がさらに大きなものとなるという状況の移り変わりが反映されているとみてよいのかもしれない。[22]

さて、コジモはドミニコ会のサン・マルコ修道院の造営も支援した。それも、献身的で文字通り惜しみのない支援を寄せた。工事が施されたのはもともとコンヴェントゥアル会が使っていた建物であるが、十五世紀初頭には荒廃し、わずかな数の修道僧がいるだけになっていたという。[23] それを、教皇エウゲニウス四世はドミニコ会の修道院として建て直すよう命じる。既述

22　Kent（2000）, pp. 174-184, 石鍋（2013）、一三二頁。

23　Vespasiano da Bisticci, *Le Vite* vol. I, p. 11.（岩倉・岩倉・天野訳、九頁）。なおコンヴェントゥアル会とはフランシスコ会の一会派で清貧の規則の緩和を提唱し、財産の所有を容認した修道士達の集団をいう。

図版2　東方三博士の礼拝（ベノッツォ・ゴッツォリ，サン・マルコ修道院）

のように教皇がフィレンツェに滞在していたおりのことである。ケントの推測によれば、教皇がこのように命じたのは、ドミニコ会の修道士達は教皇にもっとも忠実であり、そのうえ、教皇の近くにいた神学者達の多くもドミニコ会士であったからだという。[24]

一四三六年（一四三七年とも）に始められた工事の費用はすべて、教皇の意を受けたコジモの寄進によってまかなわれ、一四四三年に完成をみたとされる。書籍商ヴェスパシアーノ・ダ・ビスティッチがコジモに寄せた評伝によれば、当初、コジモに求められた寄進は一万フィオリーニであった。けれども、それでは到底、工事の費用をまかなうことはできず、結局、四万フィオリーニが寄進されたという。コジモはさらに、聖歌集や祭儀に必要な道具なども含めて修道僧達の日課に欠かすことのできないしつらえを遺漏なく整える費用も寄進したという。[25]行き届いた配慮を示したといってよかろうか。設計を依頼されたのはミケロッツォ・ディ・バルトロメオ、ブルネッレスキとともに、

24　Kent (2000), p. 173.

25　Vespasiano da Bisticci, *Le Vite* vol. II, p. 178.（岩倉・岩倉・天野訳、三二六頁）

図版3　フィレンツェの聖アントニーヌスと貧しい人びと
（ロレンツォ・ロット，ハーヴァード大学・フォッグ美術館）

コジモがいくつもの建物の設計を委ねた建築家である。

また、そのおりコジモは自身のために小部屋をつくらせ、しばしば、そこで瞑想の時をもったともいわれる。そしてこの小部屋の壁面を飾るフレスコ画のひとつが、ベノッツォ・ゴッツォリの〈東方三博士の礼拝〉〔図版2〕。ケントに従っていえば、この時代に現世の富を追い求め、それを手にしたひとは皆、描かれた博士《マギ》に、幼子イエスのまえに跪く博士《マギ》に、救われたいと願う己を重ね合わせていたという。[26] コジモもそのようであったのだろうか？

なお、修道院創建と同時に院長となり、やがて教皇エウゲニウス四世によってフィレンツェ大司教に任じられたのがアントニーヌス〔図版3〕。これまでに紹介したその発言にみられるように、著作や説教を通して〈忌むべき利得〉をむさぼる行為をきびしく咎めたが、その一方で、自らの意思と努力で現世的な成功の機会をつかみとろうとした事業家達の生き方にも理解を示した聖職者である。奇しくもコジモと同じく一三八九

26　Kent (2000), p. 374.

図版4　サン・マルコ修道院図書館

年、フィレンツェに生を享け、そのよき理解者であったが、本書の冒頭でも述べたように、苦言を呈し、きびしく突き放すこともあったとされる。

サン・マルコ修道院図書館

コジモはサン・マルコ修道院内にギリシア、ローマの古典写本をはじめ、数多くの書物を収蔵した図書館もつくらせている（一四四四年）。

コジモがギリシアやローマの古典に魅了されており、それらに造詣の深い人びとに畏敬の念を抱いていたとみられることは、すでに述べたとおりである。自身は、しかし、フィレンツェの統治にかかわることと事業の統轄に多くの時間を割かねばならず、かりに読みこなすに不足ないほどにギリシア語、ラテン語に習熟していたとしても、そうした書物にひたっているわけにはいかなかったにちがいない。この、かなえられない願望をいくらかでも満たそうとしたのか、コジモはギリシア、ローマの古典写本の蒐集に熱心であったという。後に、親交を結んだ文人のひとりで、やはり古典写本の蒐集家でもあったニッコロ・ニッコリが他界すると、遺言の執行を委ねられていたコジモはその蔵書を引き取る。[27] そして、自身が蒐集したものも加えて収蔵するための施設をサン・マルコ修道院内に造りあげたのである。それがサン・マルコ修道院図書館。

修道僧だけでなくフィレンツェの平信徒にも閲覧の機会が提供されたといい、その意味で公共図書館、それも欧州で最初の公共図書館であるともいわれる。アーチ型の構造物に支えられた館内には、ページを繰る音だけが響き、いくらでも書物のなかにひたっていられそうな空間がつくり上げられているように見受けられる〔図版4〕。

蔵書のなかには、ギリシア、ローマの古典だけでなく、比較的新しいペトラルカ、ダンテ、ボッカッチョの作品も含まれているという。アントニーヌスの著作も、やがて、加えられたとされる。そしてコジモは、それらの多くを書籍商ヴェスパシアーノ・ダ・ビスティッチに依頼してつくらせた。「つくらせた」と述べたのは、注文を受けた書物をどこかから購入して納めたのではなく、この書籍商はみずから写字生を雇い入れ、写本をこしらえて依頼に応えているからである。[28]

また、後に教皇ニコラウス五世（在位一四四七～一四五五年）となったトッマーゾ・パレントゥチェッリは、コジモに求められてサン・マルコ修道院図書館の創設に協力したひとのひとりである。教皇在位中はギリシアからの亡命者を招じ入れてギリシア古典のラテン語訳に従事させ、偉大な人文主義の教皇と評された。

27 Vespasiano da Bisticci, *Le Vite* vol. II, p. 179.（岩倉・岩倉・天野訳、三二六～三二七頁）

28 印刷術の普及にともなって写本はやがて印刷本にとって代わられることになるが、ヴェスパシアーノ・ダ・ビスティッチはこうした時代の移り変わりを苦々しく思っていたようである。というのも、羊皮紙に流麗な書体で綴られ、細密画も織りなお、コジモの寄進によってつくられた図書館は、サン・マルコ修道院のそれだけではない。フィエーゾレのバディア修道院内にも図書館をつくらせたのである。充実した蔵書を用意するよう依頼されたのは、やはり、ヴェスパシアーノ・ダ・ビスティッチ。四十五名もの写字生を雇い入れ、二年足らずのうちに、二百冊ほどの写本を納めた。コジモからそのための出費は惜しまないといわれてなしえたことだという。[29]

貧しい同胞のために、不幸な星の下に生まれた赤子のために

サン・マルティーノ信心会と〈恥じ入る貧者達〉

困窮している隣人や同胞の救済、そして、不幸な星の下に生まれた赤子の庇護と養育にもコジモは惜しみない支援を寄せた。そのひとつが信心会への寄進。

十五世紀初頭のフィレンツェには、信心会（*confraternita, compagnia* とも）、つまり、キリスト教の教えを実践するために集う平信徒の会、とくに比較的若い平信徒が集う会が数多く誕生していた。十四世紀末にはすでに、サン・ジロラーモ信心会（Buca di San Girolamo）、大天使ラファエルロ信心会（Compagnia dell' Arcangelo Raffaello）、マギの信心会（Compagnia del Magio）など、四十を超える信心会があったという。[30] 祈りをささげ、克己のため、ときには、むち打ちの苦行を己に課す、また、祝祭の行事には率先して参加し、世話役を買って出る、そ

込まれた写本のなかに「印刷本が迷い込んだならば、その本は恥じ入ってしまったことであろう」と述べているからである。Vespasiano da Bisticci, *Le Vite* vol. I, p. 398.（岩倉・岩倉・天野訳、一二九頁）。また、ヴェスパシアーノ・ダ・ビスティッチは一四七九年、あるいは一四八〇年に書店を閉じてしまったが、同書邦訳版に訳者が寄せた文章、「書籍商ヴェスパシアーノ・ダ・ビスティッチ」によれば、この頃には印刷術が広く普及し、写本をつくることが容易でなくなっていたことが一因ではないかという。岩倉・岩倉・天野訳、五〇〇頁。

29 Vespasiano da Bisticci, *Le Vite* vol. II, p. 183.（岩倉・岩倉・天野訳、三三〇頁）

30 根占（1997）、四八〜五八頁には、信心会の成り立ちと活動、そしてそれらの背後にあるものについて興味深い説明がなされている。

図版5　サン・マルティーノ信心会による施物の配布（サン・マルティーノ信心会礼拝堂）

して困窮している隣人や同胞に救いの手をさしのべる、そのような平信徒の集いである。コジモは、こうした信心会のいくつかにもかかわり、それらの基金に多額の寄進をした。

そのひとつがサン・マルティーノ信心会（Dodici Buonomini di San Martino）。サン・マルコ修道院の院長であったアントニーヌスの意向にもとづいて一四四二年に立ち上げられた信心会であり、当初の会員となったのは、前記サン・ジロラーモ信心会からアントニーヌスが推挙した“*dodici buonomini*”つまり、〈十二名の善き人びと〉であったという。ダンテの生家の近くにある小さな礼拝堂に拠点を置き、サン・マルティーノ教会においてワインやパンの定期的な配布——毎週水曜日に行われた——などの救貧のための活動を行っている〔図版5〕。赤子が誕生した家庭、ただし、貧しく、母と子の健康が気づかわれる家庭を訪れ、滋養のある食べものやおくるみを贈る、そうしたことも行われたようである〔図版6〕。また、富める者から貧しい人び

図版6　サン・マルティーノ信心会による貧しい母子への施物の配布（サン・マルティーノ信心会礼拝堂）

とまでが一堂に会し、敬虔な生き方を讃える歌が歌われ、劇が演じられることもあったとされる。[31]

ところで、この信心会を立ち上げるに際してアントニーヌスの念頭にあったのは、〈恥じ入る貧者達〉（*poveri vergognosi*）に救いの手を差しのべねばならないという思いであったという。もともとは社会的に高い地位にあり、暮らし向きにもゆとりのあった人びと、ただし、不運が重なって、あるいは、他の事情があって落魄してしまった人びとは、今現在の境遇を恥じ入り、施しにあずかることを拒むことが多い。そのように、手をこまねいていれば救貧の手だてからこぼれ落ちてしまいかねない人びと、〈恥じ入る貧者達〉にこそ、救いの手がさしのべられねばならない、そうアントニーウスは説いたとされるのである。

事実、書籍商ヴェスパシアーノ・ダ・ビスティッチが寄せた評伝には、アントニーヌスがこのような思いからサン・マルティーノ信心会を立ち上げたという証言が記されている。[32] また、同会の設立時に掲げられた

31　ケントによれば、コジモを讃える歌が歌われることもあったという。すこし後に述べるように、この信心会の基金の過半はコジモの寄進によってまかなわれていたからであろう。Kent (1992), p. 60.

文書も次のようにうたっている。(33)

昨今の飢饉とフィレンツェ市内および隣接する街々にあふれている貧しい人びとを思いやって、とりわけ、施しをうけることをためらう人びとや彼らの家族を苦しめている不運を思いやって、……一四四二年、十二名の市民は〔そうした〕〈恥じ入る貧者達〉の世話役になろうと意を決した。ときにはみなが共に、またときにはひとりひとりがそれぞれの事情に応じて個別に……かれら〈恥じ入る貧者達〉に届けるべき施物や寄付を探し求めることによって。

なお、設立時の会員であり、世話役ともなった十二名（後には十八名）の多くは、靴職人や公証人など、さほど裕福とはいえない生業の人びとであったという。(34) かれらはまた、街中を訪ね歩いて施物の提供を求めるだけでなく、人前に出ようとしない〈恥じ入る貧者達〉を見つけ出すことにも時間を割いたという。実際に、ただし、パンやワインの配布にあずかった人びとは、そうした〈恥じ入る貧者達〉にかぎらなかったともいわれる。(35)

いずれにせよ、一四四二～一四六四年の間、つまりこのサン・マルティーノ信心会が誕生した年から自身が他界した年まで、基金の過半を提供したのは、コジモ・デ・メディチであった。(36) コジモは、ただし、会の運営は〈十二名の善き人びと〉に委ね、どのようなひとに施物を配布するかといったことには一切、口を挟まなかったという。(37)

32 Vespasiano da Bisticci, *Le Vite* vol. I, p. 230.

33 Kent (1992), p. 62.

34 Kent (1992), pp. 55-56. なお、オリーゴによれば、かつては重みのあるものとされた公証人の地位は次第に低下し、十四世紀末頃にはまともな知識も持たない六、七百名もの公証人が市庁舎の広間を右往左往するようになっていたという。それゆえ、かれらの身入りも、けっして多くはなかったようである。

35 Origo (1957), pp. 203-205.（篠田訳、二六一～二六三頁）
スピッキアニによれば、コジモが世を去った二年後、一四六六年の数字であるが、二二一の世帯が施物の配布にあずかっていたという。スピッキアニはまた、配布された施物の内容や対象となった世帯の数等について、詳細な史料を紹介している。Spicciani (1981).

36 スピッキアニによれば、コジモだけでなく、たとえば絹織物

コジモは、また、サン・マルティーノ信心会だけでなく他の信心会、とくにマギの信心会にも惜しみなく寄進したという。

捨て子養育院（*Lo Spedale di Santa Maria degli Innocenti*）

せっかく呱々の声をあげたのに捨てられてしまう赤子はいつの時代にもいる。十五世紀のフィレンツェも例外ではなく、捨て子が絶えなかったという。そうしたなかで、一四一九年（一四二一年とも）、捨て子を受け入れ、養育するための施設が建設されることになる。費用は絹織物製造業者の組合《アルテ・デッラ・セータ》（*Arte della Seta*）が寄進することになり、工事がはじめられた。[38] このとき、ゴンファロニエーレ・デッラ・ジュスティツィア（市政の長官）に指名されていたのはコジモの父ジョヴァンニであり、この決定を推し進めたひとのひとりであったとみられる。ただし、建物が出来上がり、利用に供されるようになったのは一四四五年、ジョヴァンニが他界した年から十数年後のことであった。[39]

設計はブルネッレスキ。アーチ型の回廊が特徴的な中庭をもつ建物である。前之園によれば、当初、赤子は外部柱廊に用意された聖水盤のような形の容器に置かれたが、後に台座とともに回転する扉（ルオーター *ruota*）が設けられ、そこから収容されるようになったという[40]〔図版7〕。また、施設が使われはじめた最初の一年だけで九十名もの赤子が、さらに、この年も含む三年間に二百六十名もの赤子が受け入れられたとされる。[41] 当時のフィレンツェにおいて子供を育てられないほどに貧しい親のもとに生まれてくる赤子が、あるいは身

工場の共同経営者ヤコポ・ディ・ビアジョ・タナッリをはじめ、いく人ものメディチにゆかりの人びとも寄進したという。Spicciani（1981）, p. 161, note 7. またケントによれば、この信心会設立に賛意を表するために教皇エウゲニウス四世も寄進したという。Kent（1992）, p. 58.

37 これに対して、孫のロレンツォやその弟ジュリアーノはことこまかに注文をつけることがあったという。Spicciani（1981）, p. 123.

38 この組合は七つの大アルテのひとつであり、アルテ・ディ・ポル・サンタ・マリア（Arte di Por Santa Maria）と呼ばれることもある。

39 オリーゴによれば、これまでに何度か触れた事業家フランチェスコ・ダーティーニは一四一〇年、他界したが、その財産のうち千フィオリーニを新しい捨て子養育院建設のために遺贈したとされる。そして、こ

図版7　捨て子養育院・回転扉（フィレンツェ）

内や近しい人びとから歓びをもって迎え入れられるとはかぎらない事情を背負って生まれてくる赤子がいかに多かったかを物語る数字である。

　したがって運営には大きな出費がともなった。赤子は、乳母となってくれる女性のいる近郊の農家に里子としてあずけられたが、大半は貧しい農家であり、相応の手当を支払わねばならなかったからである。あずけられた子供達は、ただし、七歳になると施設にもどされることになっていた。もどってきた子供達のうち男の子には読み書きと種々の技能が教えられ、いずれ、施設を離れて働きだすことが期待された。女の子達には婚資が用意され、嫁いでいくこと、あるいは修道院に入ることが勧められた。(42) けれども、期待したようには事は運ばず、長い年月、施設に留まる例がすくなくなかったようで、かれらの衣食の用意も大きな出費を生ぜしめた。

　これらの出費は施設建設の費用と同様に、絹織物製造業者の組合によって負担された。それだけでは、た

の千フィオリーニも上記養育院建設のための基金に繰り入れられたという。Origo（1957）, p. 338.（篠田訳、四四五頁）

40　前之園（1995）、五六頁。

41　前之園（1995）、五六頁。同論文には、捨て子養育院において行われたことの移り変わり、とりわけ、十七世紀以降の変遷について詳しい説明がある。

42　前之園（1995）、五七～五八頁。

だし、不足がちで、赤子の庇護と養育に理解のある人びとからの寄進や遺産の贈与によってまかなわれる部分もあったという。このことについてコジモがどれほど寄与したか、それをはっきりと示す史料はない。けれどもコジモの時代のメディチは、両替商組合《アルテ・デル・カンビオ》（*Arte del Cambio*, 銀行組合とも）の組合員であると同時に絹織物製造業者の組合員でもあった。すくなくとも組合員として応分の負担をしたはずであり、施設の設立に父ジョヴァンニがかかわっていたことも考えあわせれば、おそらく、それ以上の支援も惜しまなかったとみられる。[43]

なお、後にこの施設には捨て子になった赤子だけでなく、ひとの目を避けねばならない事情のある妊婦、多くはまだ年若い妊婦も受け入れられ、庇護されたという。[44]

フィレンツェ公会議

コジモ・デ・メディチには、また、世にわだかまっている無用の不和や対立の原因を取り除こうとする企てへの寄与がある。〈フィレンツェ公会議〉開催への働きかけと支援がそれである。

ローマ教皇とコンスタンティノープル総主教による〈相互破門〉（一〇四五年）以降つづいていた東西両教会の分裂、すなわち〈大シスマ〉に終止符を打つべく、和解のための協議が一四三八年、フェラーラで始められた。〈フェラーラ公会議〉（一四三八～一四三九年）であ

43　このようにコジモの時代、同時に二つ以上の組合の組合員であることは妨げられなかった。メディチは、ただし、毛織物業製造者組合（*Arte della Lana*）、毛織物貿易商組合（*Arte di Calimala*）のいずれについても組合員ではなかった。なぜ組合員でなかったのか、それは不明で、ド・ルーヴァーも首をかしげている。de Roover（1963）, p. 20.

44　前之園（1995）、六〇～六二頁。

図版8　東方三博士の行列（ベノッツォ・ゴッツォリ，メディチ邸内）

る。オスマントルコ帝国の脅威にさらされていた東方教会（ギリシア正教会）から要請され、教皇エウゲニウス四世がそれに応えてはじめられることになったとされる。教皇の側には、ただし、別の思惑があったともいわれる。

エウゲニウス四世は一四三一年、フェラーラのそれに先立って開かれていた公会議、〈バーゼル公会議〉（一四三一～一四三七年）の解散を命じる。公会議派の聖職者達が、つまり、すべての教会とキリスト教徒に対して最高の裁治権をもつのは教皇ではなく公会議であり、それゆえ、公会議によって教皇の権限が制限されることもありうるとする見解、〈公会議首位説〉を支持する聖職者達が主導して開かれていた公会議である。[45] エウゲニウス四世の命令は、当然のことながら、公会議派の反発を招き、一部急進派はローマで暴動を起こすにいたったという。難を避けようとしたエウゲニウス四世は一四三四年、フィレンツェに逃れ、一四四三年まで留まった。そのような経緯があって開かれること

45　この公会議派の後ろ盾となっていたのは神聖ローマ帝国皇帝シギスムントであり、先導者のひとりがニコラウス・クザーヌスであったといわれる。また、十四世紀のスコラ学の学僧、ウイリアム・オッカムはかれらに先立ってこの見解を唱導したひとりであるという。なお、〈公会議首位説〉は、さまざまの曲折を経た後、第一バチカン公会議（一八六九～七〇年）において公式に否定された。

図版9　コジモ・デ・メディチ（ベノッツォ・ゴッツォリ，図版8，部分）

になった東方教会との協議であり、エウゲニウス四世には〈バーゼル公会議〉に対抗するという思惑もあったといわれるのである。

フェラーラでは、しかし、不測の出来事が起こっていて、公会議の続行も危ぶまれていた。おりから教皇領を侵していたミラノ・ナポリの同盟軍がフェラーラに迫るかまえをみせていたことがひとつ、そして黒死病蔓延の兆しのあったことがもうひとつの不測の出来事である。そのうえ、教皇庁が負担することになっていた東方教会代表団の滞在費支払いもとどこおってしまった。こうしたことが重なって代表団は、一度は帰国を決意したとされる。

そうしたなかでコジモは、移動と会議開催のための費用を負担することを申し出てフィレンツェに場を移させ、会議を続行させることに成功する。東方教会からはコンスタティノープル総主教ゲンナディオス二世に加え、ビザンツ帝国皇帝ヨアンネス八世が壮麗に装った五百名を超えるともいわれる随員とともに同行しており、大きな出費になったにちがいない。ともあれ、こうして開催されたのが〈フィレンツェ公会議〉（一四三九～一四四三年）。なお図版8は、「東方三博士の行列」としてベノッツォオ・ゴッツォリがメディチの私邸内に描いたフレスコ画であるが、実際に描かれているのは、このおりフィレンツェに赴く一行の様子である。画中にはコンスタティノープル総主教やビザンツ帝国皇帝だけでなく、コジモ〔図版9〕をはじめ息子のピエーロ、孫のロレンツォ、そしてゴッツォリ自身も含めたメディチ家ゆかりの人びとも描き込まれている。

　さて、こうして開催された〈フィレンツェ公会議〉であるが、和解へ向けた大きな進展があったわけではない。

　なるほど公会議において、次のような協定――〈合同協定〉と呼ばれる――を締結することについて合意が得られたとされる（一四三九年）。すなわち、「……聖なる使徒座、教皇は全教会の首位を占め、使徒たちのかしら聖ペトロの後継者、キリストのまことの代理人であり、……教皇にはわれわれの主イエズス・キリストがペトロに与えた教会全体を司牧し、統治する全権が与えられている」こと、また、「……ローマ教皇に次いで、コンスタンティノープル総大司教を第二位……とし、すべての特典と権限を認める」ことをうたった協定である。[46] 協定が合意のとおり締結されれば、東方教会はローマ・カトリック教会を頂点に置いた司教座の序列のなかに、それに次ぐものとして組み込まれることになる。そして、そのような形で東西両教会の合同が実現することになる。

　フィレンツェにはこのことの意義を讃える声がみちあふれた。ケントによれば、合意が

46 デンツィンガー（1982）、二四三頁。なお、アカデミア・プラトニカに触れたおり言及した二人の哲学者、ベッサリオンとプレトーンのうち、前者はこの協定締結を推進しようとしたのに対して、後者はむしろ、異を唱えたとされる。

成ったとされる日の翌日、一四三九年六月六日は祝日とされ、街には民衆があふれて、喜びを分かち合ったという。教皇も協定を賛美する勅令を公布したとされる。[47]

両教会の合同は、しかし、実現しなかった。コンスタンティノープルでは協定を支持する人びと、もしくは止むなしとする人びとが拒否すべしとする人びとの説得をこころみたものの失敗に終わり、やがて、東方教会が協定を破棄してしまったからである。[48] 何世紀もの間、わだかまっていた不和が、ただ一度の協議ですっかり解消されるなどということは、そもそも、ありえないことであったのかもしれない。

けれども、東西両教会が和解のための協議の座についたことは、キリスト教世界の融和を図る一歩となりうる。結果はともあれ、〈フィレンツェ公会議〉開催のためになされたコジモの働きかけと支援は、キリスト教世界にひろく恩恵をもたらしうるものであったのはまちがいない。

もっとも、後に触れるように、こうした働きかけへとコジモを動かしたもの、それが何であったか、とくに、個人的な利害や関心を超えた高潔な希求であったかどうかについては、見方が分かれる。

47 Kent (2000), p. 193.

48 公式には一四八四年の主教会議において破棄されたとされる。

第八章　それはつぐないの行為であったか？

一　大度量のひとコジモ

トマス・アクィナスは『神学大全II―二』、第一三四問題「大度量（*magnificentia*）について」の応答のなかで、以下のように述べている。

ひとが、さまざまの障碍や誘惑に屈せず、何かしら大いなることをなすとき、そのひとは度量の大きなひとであるといわれる。わけても、「金銭の適切な使用の妨げとなるもの」、つまり、「金銭への愛着を制御して」大いなる製作物（*opus magnum*）をつくり出すとき、度量の大きなひとであるといわれる。[1]

その度量の大きさが、ただし、まさしく徳のひとつであるためには、つまり、「神の力の分有」といわれるにふさわしいものであるためには、そのひとのなす大いなること、あるいはそのひとのつくり出す大いなる製作物は、個々人に属すること、もしくはものであってはならない。というのも、

> ……個々人に属する用事は、神に関わることや社会に共通の……事柄に比べて小さなことである。したがって、度量の大きな人は第一義的には自分個人に属することに出費することを意図しない。自分自身にとっての善を求めないからではなく、そういう

1　Thomas Aquinas, *Summa theologiae* 42, Ross and Walsh ed. and trans, pp. 176-179.（『神学大全 第二二冊』、渋谷・松根訳、一五五〜一五六頁）

善は小さなこと

にすぎないから。[2] そして、「神の栄誉への秩序づけにおいて大いなる製作物を作る」ひと、それこそが大度量のひとであり、そのとき、このひとの度量の大きさはまさしく徳と呼ばれるにふさわしいとつづけ、なぜなら、

……人間によって作られる製作物は何らかの目的へと秩序づけられている。だが、人間の製作物の目的のうちで神の栄誉ほど大きなものはない

のだからと述べているのである。[3]

さて、その生き様を眼にした同時代の人びとはコジモにさまざまの賛辞を寄せた。ブラウンによれば、たとえば十五世紀半ば頃からフィレンツェの大学（Studium Generale）でアリストテレスを講じ、大きな影響を与えたとされるアルギュロプーロスはコジモを、実利的な目的のためではなく、共和国に道徳を行き渡らせることに意を用いた哲人的な統治者であると讃えたという。[4] また、古代ローマの詩人達、とくにホラティウスやウェルギリウスを手厚く庇護したとされる初代皇帝アウグストゥスの廷臣ガイウス・マエケナスに比肩されるひとだと讃える文人達もいたという。[5] コジモがかれらに寄せた惜しみない支援を念頭に置いてのことであろう。

2 Thomas Aquinas, *Summa theologiae* 42, Ross and Walsh ed. and trans, pp. 170-171.（『神学大全 第二一冊』、渋谷・松根訳、一五〇頁）

3 Thomas Aquinas, *Summa theologiae* 42, Ross and Walsh ed. and trans, pp. 173-174.（『神学大全 第二一冊』、渋谷・松根訳、一五三頁）

4 Brown (1961), pp. 195-196. なお根占によればアルギュロプーロスは、コジモの孫、ロレンツォにとって、ギリシアの文物への案内人のひとりであったという。根占（1999）、四五〜四六頁。

5 Brown (1961), pp. 195-196. なお、今日、学芸の支援のために企業が行う活動を指す語として用いられることのある言葉、メセナ（mécénat）は、この人の名に由来しているという。

けれども、トマスの右のような応答に引き寄せていえば、コジモを、大度量のひとと呼んで讃えることをためらう理由はないといってよいであろう。

なるほどコジモは自身に属する製作物を、それも、大きな、あるいは見事な製作物をつくり上げた。豪壮な邸宅や別荘はその最たるものである。私邸内にたとえばゴッツォリに描かせたフレスコ画もそのひとつだといってよいであろう。けれども、「金銭の適切な使用の妨げとなるもの」を取り除き、「金銭への愛着を制御して」、コジモは個々人には属さず、むしろ「神に関わることや社会に共通の事柄」に寄与する大いなる製作物もつくり出した。惜しみなく寄進してサン・ロレンツォ教会やサン・マルコ修道院など、いくつもの教会、修道院の造営と改修を可能ならしめ、さらに、貧しい巡礼や病を得た巡礼のための施設を遠くエルサレムにもつくらせたとされる。

〈フィレンツェ公会議〉に製作物という言葉は似つかわしくないかもしれない。けれども、キリスト教世界に融和をもたらし、「神の栄誉」をたたえることに結びつきうる企てであったことは間違いない。そのような〈フィレンツェ公会議〉がコジモの働きかけと費用負担なしには実現されなかったとすれば、この公会議もまた、コジモのなした大いなることのひとつに数えられてよい。

コジモは、しがって、まさしく大度量と呼ばれるにふさわしいひとであったといえよう。実際、いく人ものひとが書簡や種々の文書のなかでコジモに大度量のひとという賛辞を寄せている。フィエーゾレのアウグスティヌス会バディア修道院の院長であったティモテオ・マッフェイはそのひとりである。

前章でも述べたようにルネサンス期のフィレンツェにおいては、教会や病院など、多くの人びとが集い、利用する施設が、一個人の寄進によって造られることはあまり例をみなかったという。多くはアルテ（同業者組合）から費用寄進の申し出を得て造られた。一個人が費用のすべてを負担して造らせるという行為は、そのひとの意図がどこにあったにせよ、己を飾り、誇示しようとする行為だと批判され、妬みを買うことがあったからかもしれない。いずれにせよコジモはこの点で例外であった。これまでに紹介した教会や修道院の造営、改修、付属施設の建設のほとんどは、コジモひとりの負担で行われたのである。[6] 一四五六年に始められた、前記、アウグスティヌス会修道院の改修と付属する図書館の建設もその例にもれない。

それゆえ、このことによってコジモが妬みを買ってしまうことを懸念した院長ティモテオ・マッフェイは一文を書き起し、その冒頭で、

> ……〔建物は〕もっとも著名で度量の大きなひとコジモ・デ・メディチの寄進によって壮麗に造り上げられた。……わたしはこのひとの徳を賞賛せずにはいられない。……大度量を体現することにおいて、このひとに比肩されるほどの人物はどこにもいないのだから

6　その多様で多方面にわたるパトロネージをなすために、コジモがどれほどを費やしたか、正確なところはもちろん、分からない。けれども、六十万フィオリーノは下るまいといわれる。たとえば森田は、孫のロレンツォの備忘録に記された数字であると断ったうえで、一四三四年から七一年の間に、したがって一部、息子のピエーロの代になされたものも含めてパトロネージに費やされた額は六十六万フィオリーノあまりであったと述べている。森田（1999）、一〇五〜一〇六頁、Kent (2000), p. 372.

7　Fraser Jenkins (1970), pp. 165-166. なお、これまでに何度も言及した書籍商ヴェスパシアーノ・ダ・ビスティッチも、たとえば、既述のマルシーリオ・フィチーノに与えつづけた支援を例にそう評したように（Vespashiano da Bisticci, *Le Vite* vol. II, p. 204, 岩倉・岩倉・天

と述べたという。コジモのなしたことは妬みを買ってしまうような虚飾の行為ではなく、まさしく讃えられてしかるべきものであることを大度量という言葉を用いて語っているのである。フレイザー＝ジェンキンスによれば、ティモテオ・マッフェイはまた、この大度量という言葉を、先にみたトマス・アクィナスの理解に拠りながら用いているという。(7)

ところで、ひとは罪を犯す。大度量のひともこのことについて例外ではない。そういうひとが大いなる製作物を、それも神の栄誉をたたえるような、あるいは世にひろく何かしら善きものをもらすような製作物をつくり出したとして、それは、そのひとが犯した罪のつぐないになるのだろうか。とくに、宥恕されえない利得、〈忌むべき利得〉をむさぼるという罪を犯した者が、その利得を、もしくはその一部を費やして大いなる製作物をつくり出したとして、それは、そのひとが犯した罪のつぐないとなりうるのだろうか。

これは、コジモのなしたパトロネージの多くに投げかけることのできる問である。以下、この問を念頭に置きつつ、さまざまのパトロネージへとコジモをうながしたものが何であったか、探ってみたい。その前に、ただし、ウスラについてのひとつの区別に触れておかねばならない。十三世紀初頭には多くのひとが気づいていたとみられる区別である。

野訳、三四五～三四六頁）、コジモには気前が良い（*liberalis*）という賛辞もしばしば寄せられた。それは、庇護や支援を求めるひとにコジモがもの惜しみすることがなかったからであり、それが、〈メディチ党〉と形容される人びとの集団をつくり出し、反メディチ勢力の動きを封じ込めてフィレンツェ共和国の統治を支えたことは第三章でみたとおりである。ただし、気前のよいひとがすなわち大度量のひとでもあるとはかぎらない。もの惜しみせず気前がよいからといって、そのひとのなすこと、つくり出すものが神の栄誉を讃えることに、あるいは社会に共通のことに寄与するとはかぎらないからである。また、大いなる製作物をつくり出すにはそれに見合った支出が必要となるが、気前の良いひとであっても、そうした支出をまかなうに足る大きな富を有しているとはかぎらないからでもある。トマスも先

二　返還の容易なウスラと容易でないウスラ

さきに第六章でみたように、コジモの時代にメディチが営んだ事業、とくに資金の授受のなかには、ウスラをむさぼる行為をそうではないかのように装うために行われたものがあったという疑いを打ち消すことはできそうにない。とくに、為替手形の引き受けという仕方でなされた資金提供のなかにそのように疑われる例がすくなからずあったとみられる。〈乾燥手形〉と呼ばれる為替手形を引き受けて利を得る行為が、また、〈初年度献上金〉の立て替えのために振り出させた為替手形を引き受けて資金を提供し、その返還時に何がしかの〈贈り物〉を上乗せさせるという行為がそうである。

メディチが金銭の寄託を介して得た利益についても、忌むべきものはなかったと言い切ることはできそうにない。かりに、〈教皇官房付き受寄者総代〉という職位にあったことで託された資金、つまり教皇庁やあらゆる層の聖職者から寄託された資金を事業に投じてメディチが得ていた利益それ自体は不当なものでなかったとしても、この職位を手に入れるためになされたとされることのなかには、メディチの事業全体に忌まわしい影を落とすものがあったという疑念が打ち消しがたくつきまとうからである。

コジモの胸中になにほどか罪の意識が去来していたとしても、不思議ではない。事実、

の応答のなかで、貧しいひとには「大度量の外的な行為を成し遂げることはできない」と述べている。度量大きくあらねばと思っていても、貧しいひとには大いなる製作物をつくり出すことによって、その思いを具現することはできない。このことをトマスは端的に指摘しているのである。Thomas Aquinas, *Summa theologiae* 42, Ross and Walsh ed. and trans, pp. 178-179.（『神学大全　第二一冊』、渋谷・松根訳、一五六頁）

以前にも言及し、すこし後にもう一度、触れるように、〈忌むべき利得〉をむさぼった罪を悔い、どのようにつぐなえばよいかと教皇エウゲニウス四世に問うたことがあったとされる。

さて、隣人や同胞からウスラをむさぼった者の罪が、あるいは〈忌むべき利得〉をむさぼった者の罪がゆるされることがあるとすれば、何は措いてもなされねばならないのはむさぼられた相手にそのウスラないし利得を返還することである。それが、真摯な悔悛の行為でありつぐないである、そう説かれた。すくなくとも中世後期からルネサンス期においてはそうであった。「交換の正義」という規範に拠りながらトマス・アクィナスはこのことを説いたし、チョバムのトマスも告解のために教会を訪れた人びとに同様に説き聞かせるよう、聴罪司祭をうながした。それは第一章でみたとおりである。コジモと同時代を生きた二人の聖職者、シエナのベルナルディーヌスとフィレンツェのアントニーヌスも説教の場でこのことを力強く語りかけた。

だがしかし、むさぼられた相手を間違いなく特定し、すみやかに返還することはできるだろうか。それが容易でないとしたら、どうすればよいか。

ネルソンによれば、ひとくちにウスラといっても、だれからどれほどがむさぼられたか、それをさほどの困難なくはっきりとさせることができ、また、その返還も比較的容易に行うことができるものばかりでなく、いずれについても容易でないものもあることにひとは気づいたとされる。十三世紀はじめごろのことである。〈返還の容易なウスラ〉ばかりでなく、むさぼられた相手とその額が不明であるために、あるいは、不明ではないとしても、たとえば相手が遠く隔たったところにいるために〈返還の容易でないウスラ〉もあると気づかれたのである。[8] おそらく、単純な金貸しではなく、こみ入った仕組みの下でなされる金融取引を広範囲に営む事業家が出現し始めたことの結果であろう。後のバルディやペルッツィが、あるいはメディチが営んだように。

そして後者のようなウスラ、あるいはそれとかかわるところのない〈忌むべき利得〉については、困窮している隣人や同胞を庇護し、救済するための寄進がなされるべき返還にかわりうる行為であると認められるようになったという。つまり、つぐないの行為として認められるようになったという。

マクラフリンによれば事実、一二一二年にパリで開催された教会会議は、ウスラをむさぼりながらつぐないをしないまま死んだ者の財産は没収され、貧しい人びとに分け与えられるとする教令を採択したとされる。[9]

この教令においては、ただし、没収され、分け与えられることになるのは、どのようなウスラによってもたらされた財産であるか、立ち入って述べられているわけではない。けれどもそれが〈返還の容易なウスラ〉によってもたらされた財産であるなら、教会、あるいは世俗の当局を介してむさぼられた相手に返還することも不可能ではない。第一章で紹介したベッカーの研究は、ウスラをむさぼられたと主張するひとから返還を求める訴えが起こされると、教会が、もしくは世俗の当局が、その訴えがもっともなものであるか否か

8　Nelson (1947). なお、ネルソンのこの論文では、前者は *certae* usuries と、後者は *incertae* usuries と表記されている。直訳すれば確定的なウスラ、不確定なウスラということになろうが、それではこれらに託されている意味をくみ取ることはむずかしいので、ここでは上記のような表現を用いることとする。

9　Mclaughlin (1940), pp. 5-6. ただし、財産を没収し、その扱いを決めるのはだれかをめぐって、教会と国王ないし世俗の当局の間で、種々、確執があったという。なお、この教会会議（*synod*）は教皇が招集し、キリスト教世界の各地から枢機卿や司教、また大修道院の院長等主だった聖職者が参集して開かれたものではない。それゆえ、これまでに二一回、開催されたとされる公会議、もしくは普遍教会会議のひとつには数えられていない。

を判断し、もっともであると判断された場合、財産の相続人は返還に応じるよう命じられる事例のあったことを示している。[10] にもかかわらず、財産は没収され、貧しい人びとに分け与えられるということからすれば、このパリ教会会議の教令で念頭におかれているのは、〈返還の容易なウスラ〉でなく〈返還の容易でないウスラ〉がもたらした財産であったということになる。したがって、そうしたウスラについては、困窮者への財産の分与がその返還に、すなわち、それが可能ならなされるべきであったつぐないに置き換えうる行為であるとする見解がこの教令には含まれているとみられるのである。

第二リヨン公会議（一二七四年）はまた、むさぼられたウスラの額が判然としない場合、むさぼった者の財産から、とくに己の罪を悔い、ウスラを返還するようにという遺志を残して死んだ者の財産からどれほどが困窮している人びとに分け与えられたならば罪のつぐないがなされたと認められるか、その判断を各教区の裁治権者、多くは司教に委ねることを決めたとされる。[11]

ネルソンによればさらに、〈返還の容易でないウスラ〉についてのつぐないは、必ずしもそれがむさぼられた場所で行われねばならないわけではないと解されるようになっていたという。貧しい隣人や同胞の救済は、かれらがどこにいようと、すべてのひとが連帯して担うべき使命であり、ウスラがむさぼられたと疑われるところとは別の、救済が同じように必要とされているところでなされることがあってよい、教会はそうみなすようになっていたというのである。[12] かりにある事業家がウスラを、あるいはそれと変わらない利得を

10 Becker (1957).

11 Nelson (1947), pp. 109-111, Tanner (1990), p. 329.

12 Nelson (1947), pp. 116-117. なお、アントニーヌスもこのように解されてよいと説いたひとのひとりであるという。

むさぼったのがヴェネツィアやローマにおいてであったとしても、そのつぐないは貧しい人びとの窮状が同様に深刻なところ、たとえばナポリやその近隣の街でなされてもよいと解されるようになっていたということである。

さて、ウスラをむさぼったのが困窮している隣人や同胞から形を取って小金を貸し付ける質屋のような生業の者である場合、それを返還させることにさほどの困難はないであろう。質屋に金を貸してほしいと請うたひとの大半は近くに住む人びとであろうし、それゆえ、だれにどれだけの金が貸し与えられ、どれほどのウスラがむさぼられたか、それを確認するのはそれほどむずかしいことではないであろうから。先の区分にしたがっていえば、むさぼられたのは、〈返還の容易なウスラ〉であるからといってもよい。しかし、種々さまざまの金融取引を広範囲に営んだ事業家の場合、事情はちがってくる。

メディチについていえば、イタリア半島内のすべての拠点の支配人には不当な利を得ようとしてはならないという指示が与えられていた。アルプスの北の拠点についても同様であった。それはまちがいない。にもかかわらず疑わしい金銭の授受があれば、その拠点の支配人はフィレンツェ本拠の総支配人からきびしく問いただされ、不明の点をはっきりとさせねばならなかった。それでもなお、欧州のさまざまの場所で行われたおびただしい数の金銭の授受のすべてについて、不当な行為、なかでもウスラをつつみ隠すような行為がなかったかどうか、それをみきわめるのは容易なことではなかったであろう。たとえ金銭の授受に際して結ばれた契約に指示にもとづくと疑われるような点がなかったとしても、危険ないしそれが現実のものとなったときに生じうる損失は実のところ、金銭を貸し与えた相手に、もしくは資金を提供した相手にすべて負わせ、メディチは利益の分配だけを、あるいは一定の利払いだけを求める、そのようなことが一切、行われていなかったどうか、それをたしかめるのは、そう簡単なことではない。なかでも、資金の提供を受けたひとからメディチになされた〈贈り物〉が、まさしく自発的になされたものか、それとも前もって約束されていた利払いをそうではないかのように装ってなされたものか、それをみきわめるのは簡単ではない。立て替えられた〈初年度献上金〉を返還する際に上乗せされた〈贈り物〉についてアントニーヌスが指摘したように。

つまり、メディチの場合、また、類似した事業家の場合、収益の一部にウスラが、あるいはそれにひとしい忌むべきものが含まれているという疑いのあることを否定できないとしても、どれだけが現にそうであったか、また、それが誰との金銭の授受においてむさぼられたものであるか、詳らかにするのは容易でなかったにちがいない。先の区分にしたがっていえば、多くは〈返還の容易でないウスラ〉であったとみられるのである。

それゆえ、もしメディチの誰かが、そのようなウスラを、あるいは〈忌むべき利得〉をむさぼったと自覚し、罪をつぐなおうとするのであれば、なされるべきは困窮している隣人や同胞にその富を分け与えることである。このことはもちろん、他の支援や寄進、とりわけ、教会や修道院の造営、改修のための寄進はつぐないにはなりえないということを意味しない。けれども、そうした寄進だけが行われ、隣人や同胞の窮状が顧みられないなら、罪をつぐなう行為たりえない、もしくは十分とはいえない。そのように解されるようになっていたとみられるのである。すくなくともそれが、パリ教会会議が世のひとに求めたところであった。後にみるようにそれはまた、コジモと同時代にアントニーヌスの説いたところでもあった。

三　それはつぐないの行為であったか？

数多くの教会や修道院の造営、改修の支援からいくつもの信心会への寄進、そして、フィレンツェ公会議開催への働きかけ等、コジモ・デ・メディチのパトロネージは多様で多方面にわたるものであった。さて、そのようなパトロネージへとコジモをうながしたのは何であったのだろうか？

後述するように、コジモは自身を神からの借財人であると語り、恥じ入る言葉をもらすことがあったという。己のなしたことについて罪の意識があり、つぐないをなさねばならないと思っていたともいう。こうした心情や思いがコジモをパトロネージへとうながしたのかもしれない。もとより、本当のところは余人には分からない。けれども、これまでにみたところによりながら、また、そのパトロネージのいくつかに焦点を合わせながらコジモの心中にあったのは何であったか、推し量ってみたい。

フィレンツェ公会議開催への働きかけ

結果はともあれ〈フィレンツェ公会議〉は、東西両教会にながくわだかまっていた不和を解消させ、キリスト教世界を融和に向かわせる一歩となりうる協議の場であった。そのような〈フィレンツェ公会議〉が、コジモの働きかけと費用の負担なしには開催されていなかったとすれば、それは、大度量のひとコジモのなした大いなることのひとつに数えられてよい。このことは先に述べたとおりである。ただし、会議開催に向けて働きかけるようコジモをうながしたもの、それが、私心のない高潔な希求であったとすることについては、懐疑的な見方が示されることがある。

たとえばホームズは、東西両教会の合同が実現するか否か、それがひとりの富裕な平信徒の酔狂（whim）にかかっていたといえば、不審に思われるかもしれないがと前置きしたうえで、〈フィレンツェ公会議〉がコジモに個人的な興味をみたす機会を与えるものでなかったならば、エウゲニウス四世による開催の企ては頓挫していたにちがいないと述べている。[13] ここに個人的な興味といわれているのは、ギリシア、ローマの文物、とくにその古典にコジモが抱いていた並々ならぬ思い入れのことである。ホームズは、つまり、〈フィレンツェ公会議〉開催へのコジモの働きかけは、東西両教会の不和の解消にいくらかでも

13 Holmes (1992), pp. 25-26.

役立ちたいという私心のない希求、高潔な希求からなされたというより、ギリシア、ローマの古典に触れたい、そして、東方教会の代表団が伴っていたギリシア、ローマの古典に造詣の深い随員に接したいというコジモの個人的な願望からなされたものであったとみているのである。あるいは富裕な平信徒コジモの酔狂から。

もちろん、ホームズのいう個人的願望、あるいは酔狂、それが〈フィレンツェ公会議〉開催に向けて働きかけるようコジモを動かしたただひとつのものであったときめつけることはできない。けれども、東方教会に随行していた哲学者ゲミストス・プレトーンに寄せた期待、アカデミア・プラトニカやサン・マルコ修道院図書館創設に傾けられた熱意を考え併せれば、この公会議を、あるいは東方教会代表団のフィレンツェ来訪を自身の願望がかなえられる滅多にない機会としてコジモが待ち望んでいたということは十分、ありうることだといってよいであろう。

また、〈フィレンツェ公会議〉開催への働きかけには自国の民衆と近隣の諸国に、メディチの統治するフィレンツェが、東方教会も加わったという意味で普遍的な教会会議を、そしてキリスト教世界にとって画期的なものとなりうる教会会議を招き寄せることのできる存在だということを知らしめるという意図が働いていたとしても、一向に不可解でない。追放から帰還して間もない頃のこと、そして〈メディチ・レジーム〉が形をなそうとしていた頃のことであったから。

こうしてみると、公会議開催のためになされたコジモの寄与は、度量の大きなひとにしてはじめてなしうることであったとしても、トマス・アクィナスのいう大いなることを、つまり、自身にとっての善ではなく、より大きな善を、わけても神の栄誉をたたえることに結びつく善を私心のない高潔な希求からなそうとしたものであったと言い切るのは、すこしく、ためらわれる。まして、己の罪を悔い、そのつぐないとしてなされた行為であったというのは一層ためらわれる。

サン・マルコ修道院創建への寄進

教会や修道院は多くの信徒が集い、祈りを捧げ、あるいは神に仕えようとする場である。それゆえ、その惜しみない寄進によって造営され、あるいは改修されたいくつもの教会や修道院――サン・ロレンツォ教会、サンタ・クローチェ教会、フィエゾーレのアウグスティヌス会修道院、そしてサン・マルコ修道院など――は、まさしく、大度量のひとコジモの作り出した大いなる製作物であると述べることを躊躇する理由はどこにもない。その支援によって修復がなったとされる聖地エルサレムの宿坊、貧しい巡礼や病を得た巡礼のための宿坊についても同様にいうことができよう。

　また、こうした大いなる製作物を作り出したひとがそれを悔悛とつぐないの行為であると、もしくはゆるしをあがなう行為であると自覚していたとしても、何ら不可解ではない。神に祈り、仕えようとする場を作り出す行為であるのだから。コジモについていえば、そのように自覚していたであろうと推し量る格別の理由がある。とりわけ、サン・マルコ修道院造営のためになされた寄進について。

すでに何度か述べたように、コジモは事業家としての己の生き様のなかに罪を問われても仕方のなう部分があると自覚し、どのようにつぐなえばよいかと教皇エウゲニウス四世に尋ねたことがあるとされる。(14) 教皇がローマから逃れ、フィレンツェに滞在していたときのことであり、一四三〇年代半ば、おそらくは一四三五年頃のことと思われる。メディチが得ていた収益のなかにはウスラをそうではないかのように装った〈忌むべき利得〉がある、けれどもその多くはだれにどれだけを返還すべきか、それをはっきりさせることの容易でないウスラ、〈返還の容易でないウスラ〉である。それゆえ、なにをなしたらよいかとまどい、このように尋ねたのかもしれない。

コジモは少々のことではおののくことのない強靱な精神の持ち主であった。死をも覚悟しなければならなかったといわれる事態、つまり逮捕、幽閉、そして追放という事態にも動揺せず、「市を統治する人びと」の命に、むしろ従容と従ったとされるコジモを、また、フィレンツェ帰還後、かれらを排除するに際して冷徹そのものであったコジモをみるとき、その感が強い。そのようなコジモが、自らの生き様の一断面について罪の意識にさいなまれ、教皇にうったえたというのは、釈然としないところがないわけではない。けれども、己の犯した罪、わけてもウスラを、あるいは〈忌むべき利得〉をむさぼった罪については、平然としていることはできなかったのであろう。その不安とおそれは、いずれ避

14 Nelson (1947), p. 119.

15 サン・マルコ修道院として造営する工事は一四三六年、あるいは一四三七年に始まり、一四四四年に完成したとされる。

けがたくやってくる来世への不安とおそれは、日を追うごとにさらに重くのしかかってきたであろうから。

残念ながら教皇がどのように答えたか、それは分からない。けれども、荒廃していたコンヴェントゥアル会の修道院をドミニコ会サン・マルコ修道院として建て直す工事が、コジモの惜しみない寄進を得て始まったのはこの応答につづいてのことであったとされる。[15]こうした経緯からすれば、教会や修道院の造営、改修への寄進は〈忌むべき利得〉をむさぼった者がなすべきつぐないである、すくなくともそのひとつであるというのが教皇の答であったということは十分、考えられる。事実、書籍商ヴェスパシアーノによる評伝は、ことの経緯を以下のように伝えている。[16]

……どうしてかれ〔コジモ〕がそう感じるようになったかは分からないが、かれにはいかがわしい儲けで金を得たように思えたのだった。この肩の荷を降ろそうとして、フィレンツェに教皇エウゲニウスが滞在した時に、かれが良心に咎めるように思えたものを教皇聖下に献上したのである。教皇エウゲニウスはサン・マルコに原始会則派を創設したさいに、聖職者たちの生活の場がなかったので、コジモに自分の思惑を話した。つまりコジモが自身を満足させ、良心の呵責を軽くするために一万フィオリーノを出してこれを建設してはどうかということであった。

また、コジモがフィレンツェに帰還したのは一四三四年である。したがってコジモがエウゲニウス四世にこのように問うたのは既述のように一四三五年頃のこととみられる。

16 Vespasiano da Bisticci, *Le Vite* vol. II, pp. 177-178.（岩倉・岩倉・天野訳、三二五〜三二六頁）。なお、原始会則派（*Observantes*）は通常、アッシジのフランチェスコによって修道会が立ち上げられたときの会則にかえり、それに忠実であろうとしたフランシスコ会托鉢修道士の一団を指す。ただし、ドミニコ会にも原始会則派と呼ばれた修道士の一団があった。十四世紀シエナの聴罪司祭ライムンドゥスが提唱した修道会改革の呼びかけに共鳴した修道士の一団である。それゆえ、正確を期すなら、サン・マルコに創設されたのはドミニコ会・原始会則派の修道院ということになろうか。

図版10　聖母子と聖人達（フラ・アンジェリコ，サン・マルコ修道院）

結局、四万フィオリーノにのぼった工事の費用をコジモはすべて負担し、そのうえ、修道僧達の日課に欠かすことのできないしつらえを整えることにも惜しみなく寄進したことは前章でも紹介したとおりである。こうしてみれば、この寄進をなすについて、罪をつぐないたいという思いが、あるいはゆるしをあがないたいという思いがコジモにあったとしても、何ら不可解ではないといってよいだろう。

また、ケントによれば、コジモがフラ・アンジェリコに描かせたサン・マルコ修道院の祭壇画〔図版10〕や自身のためにつくらせた小部屋にベノッツォ・ゴッツォリに描かせたもうひとつのフレスコ画〔図版11〕には罪のゆるしを乞うという思いが託されているとみてよいという。

いずれにもイエス・キリストと聖母マリア、また、いく人かの聖人にくわえて、コジモの、あるいは幼くして亡くなったとされる双子の兄弟ダミアーノの守護聖人であるコスマスとダミアーヌスが描きこまれてい

図版 11　十字架のイエス・キリスト（ベノッツォ・ゴッツォリ，サン・マルコ修道院）

る。フラ・アンジェリコの祭壇画についていえば、幼子イエスを抱いた聖母マリアの前にひざまずいている二人の聖人がコスマスとダミアーヌスであり、ゴッツォリに描かせたフレスコ画においては聖母マリアと並んでひざまずいている聖人がコスマスである。ケントはまた、フラ・アンジェリコやゴッツォリに制作を依頼するとき、コジモはこと細かに注文を伝えていたと述べている。とりわけ、どのような聖人を描きこむかについて。つまり、二人の画家が祭壇画やフレスコ画に守護聖人を描きくわえたのは、コジモの意を汲んでのことであったとみてよいというのである。

そしてこの時代、罪のゆるしを乞い願うひとの思いをとりつぎ、イエス・キリストに、あるいは神にとりなしてくれるのは、だれよりもまず聖母マリアであり、次いでそのひとの守護聖人である、そうみなされていたとされる。それゆえ、二人の画家にこのような絵を描かせたのは、己の罪をつぐない、ゆるしをあがなおうとしてのことであったとケントはみているのである。[17]

17　Kent（2000）, pp. 135-159.

コジモの胸中にあったものが事実、そのような思いであったと断言することは、もとよりできない。けれども、コジモはサン・マルコ修道院をしばしば訪れ、自身の小部屋にこもっていたという。その部屋には以前にも述べたようにゴッツォリのもうひとつのフレスコ画、〈東方三博士の礼拝〉も飾られている。幼子イエスの前に跪く博士《マギ》のひとりに己を重ね合わせてゆるしを乞い、聖母マリアと守護聖人コスマスに神とイエス・キリストへのとりなしを願っていたのかもしれない(18)。

サン・マルティーノ信心会、捨て子養育院への寄進

さて、造営がなった修道院をみて、その初代院長となったアントニーヌスは複雑な思いを噛みしめていたと推察される。

なるほど、コジモの惜しみない寄進を得て、修道院は立派に建ち上げられ、そのうえ、数々の祭壇画やフレスコ画で壮麗に飾られた。けれどもその壮麗さは、華美を排し、修道僧としてのつとめを果たすについて欠かせないもの以外は所有しないという誓願、ドミニコ会の一員として立てた清貧の誓願にはそぐわない。その一方で、しかし、コジモの寄せた支援なしには修道院の造営はもとより、修道僧達の日課に必要なしつらえを整えることすら覚束ないという現実がある。しかも、この現実を変えることはできない。ケントの述べるように、アントニーヌスは複雑で苦々しい思いを抱きながら、清貧の誓願を棚上げに

18　なお、コジモはサン・マルコ修道院に描かせたのと主題を同じくする画を、他の教会や修道院においても制作させている。フィリッポ・リッピに依頼して描かせたサンタ・クローチェ教会の祭壇画はそのひとつである。したがって、この教会の改修に寄せられた支援も、同様の思いからなされたといってよいのかもしれない。

するしかなかったのかもしれない。[19]

アントニーヌスには、また、そうした複雑な思いとは別にひとつの懸念もあった。教会や修道院の造営、改修に富裕な人びとの寄進が偏り、そうした寄進とともに、あるいはそれ以前になされねばならないことが置き去りにされてしまいかねないという懸念である。

無論、アントニーヌスも富裕な人びとが教会や修道院の造営、改修に寄進することを、また、病院のように多くの民衆の苦しみをやわらげる施設建設に寄進することを、なさずもがなのことと非難するわけではない。ただし、アントニーヌスのみるところ、そうした寄進はかれらが、わけてもウスラを、もしくは〈忌むべき利得〉をむさぼって富を得た者が何よりもまずなすべきつぐないにかわりうるものではない。にもかかわらず、建物の建設や改修への寄進はよく人の眼につき、多くのひとに讃えられるがゆえに、〈忌むべき利得〉をむさぼった富裕な人びとに、なすべきことは十分になしたと思わせてしまうかもしれない。つまり、まだなされていない罪のつぐないがすでになされたと錯誤させることになりかねない。建物の建設や改修への寄進は、さらに、世人から賞賛されることを予期してなされる行為、虚飾の行為でさえありうる。アントニーヌスは、このように懸念したという。[20] では、なされるべきは何か、置き去りにされてはならないのは何か。

知人のひとりへの書簡に認められた以下の文章にあるように、大きな富を得た者に求められるのは、なによりもまず、困窮している隣人や同胞とその富を分かち合うことだとアントニーヌスは説いて止まなかった。[21]

19 ケントは、それゆえ、サン・マルコ修道院の造営は、現世的な成功をつかんだ事業家から寄進を受けた聖職者がジレンマを抱え込まねばならなかったことをよく物語る例であるとつけ加えている。Kent (2000), pp. 174-175. なお、教皇シクストゥス四世（在位一四七一〜一四八四年）は一四七五年、ドミニコ会が財産を所有し、収入を得ることを許可したという。会としての清貧の掟は廃されたといえようか。

20 Nelson (1947), p. 111 によれば、こうした懸念をアントニーヌスは主著、『神学と道徳の大全』(*Summa theologica moralis*, II. 2. 7, col. 371-372, col. 398) において表明しているのだという。筆者は、ただし、未見である。

21 Spicciani (1981), p. 163, note 15, Kent (1992), p. 54.

すべてを善きようになし給う神の摂理は、貧しさに堪えることによって永遠の命を授かることになるよう、ある者達については現世の財物は乏しいままにし給うた。他の者達に神は、多くをあたえ給うたが、それは……豪華な衣類や宴に散財させるためではない。そうではなく、神があたえ給うたもののうち、必要なものだけをわがものとし、残る財物は貧しい者達に分けあたえさせる、そして、そうした〔隣人、同胞への〕愛の功徳と貧しい者達の祈りによって、彼らも永遠の幕屋に迎え入れられるようはからい給うたのである。

そして、前節でみたように、貧しい隣人や同胞に富を分け与えること、それがむさぼられた〈忌むべき利得〉の、あるいはウスラの返還に代えうるつぐないである、とくに、むさぼられたのが〈返還の容易でないウスラ〉であるとき、その返還に代えうるつぐないであると解されるようになっていた。それゆえだれかに、たとえばコジモに、〈忌むべき利得〉をむさぼった罪を悔い、つぐないをしたい、どのようにすればよいかと問われたとすれば、自身の修道院造営のための寄進は後回しになってよい、まずは困窮している隣人や同胞救済のために惜しみない支援を寄せること、それをアントニーヌスは求めたにちがいない。

アントニーヌスとコジモの間にこのようなやりとりが現にあったかどうか、それは定かでない。ハワードによれば、十五世紀フィレンツェの事業家達のなかには、アントニーヌスの主著、『神学と道徳の大全』の写本を、とくにウスラをむさぼった者の受けねばならない罰に触れた部分の写本を買い求め、身近に置いていたひとがすくなくなかったという。[22] コジモが、ただし、そのひとりであったかどうか、それも分からない。

けれども、アントニーヌスの求めに応えてなされたとみることができそうな支援、あるいは寄進をコジモは行っている。先に紹介したサン・マルティーノ信心会やマギの信心会への寄進、そして捨て子養育院運営への支援がそれである。なかでもサン・マルティーノ信心会はアントニーヌスの意向にもとづいて立ち上げられ、基金の過半がコジモの寄進によってまかなわれた信心会である。それゆえ、この信心会の設立に際して二人の間に右記のような言葉の往復があったということは十分、考えられる。

ところで、コジモより数世代前にフィレンツェで絹織物業を営み、商った事業家グレゴリオ・ダーティは、一四〇四年の年頭に、その備忘録に以下のように記している。[23]

> このみじめな人生において、わたし達の罪はわたし達のたましいを苦悩させ、肉体を苛んでいることをわたしは知っています。わたしはまた、わたし達の弱さを補い、わたし達の精神の蒙を啓き、そしてわたし達の意思を支えてくれる神の恩寵と慈悲なしには、〔わたし達は〕日に日に朽ちていくということも知っています。〔にもかかわらず〕四十年前に生を享けて以来、わたしは神のお命じになったことをほとんどこころに留めてこなかったことも自覚しています。〔そうした生き方を〕改めるためのわたしの力は

22 Howard (1995), p. 248.

23 引用はBrucker and Martines trans. (1967), p. 124によっている。なおダーティは、自身や家族の身に起こったことだけでなく、他の事業家と組まれたソキエタスや事業の収支についても詳細に書き留めている。したがってこの備忘録は、事業にかかわる機密の文書という性格のものでもあるといってよい。

> 信頼するに足らず、それでもなお、有徳の生に向けていくらかでも前進したいという気持ちから、わたしは今日この日以降、厳粛であるべき教会の祝日には工房には出向かず、仕事もしないと決意しました。そうした日々には、他のひとがわたしのために働き、利を求めようとすることも許しません。やむをえない事情があって、この決意のとおりできないときには、次の日、神の貧者達に一フィオリーノ相当の施物を配ることを約束します。わたしがこの約束をこころにきざみ、それをたがえるときにはみずから恥じ入るよう、わたしの約束をここに書き留めておくことにします。

残念ながら、貧しい隣人や同胞を救うための寄進をするとき、また、不幸な星のもとに生まれた赤子を庇護し、養育するための支援を寄せるとき、その胸中にあったものをコジモがつつみ隠さず述懐したとみられる文書に接する機会を筆者は持てないでいる。それゆえ、ダーティのこのような独白に重なり合うものがコジモの胸中にあったかどうか、勝手な憶測は控えねばならない。けれども、サン・マルティーノ信心会、捨て子養育院等への寄進は、アントニーヌスが富裕な人びとに説いた真摯な悔悛とつぐない、それにもっとも近い行為であったことはまちがいない。

なお、コジモやアントニーヌスと同時代の聖職者、シエナのベルナルディーヌスも著作のひとつで、以下のように説き、アントニーヌスに唱和している。[24]

24　Gavitt (1981), pp. 109-110.

ちょうどわたし達の胃袋が余分の食べ物をそのなかに貯め込まず、体の他の器官に配り、届けるように、無用の金を持っている者はそれを必要としている隣人に分け与えねばならない。胃が他の器官とともにひとつの体をなしているように、わたし達は皆、イエス・キリストのなかでひとつになっているのだから……。

四　コジモの胸中に去来したもの

レイモン・ド・ルーヴァーは著書のひとつで、ひとをみるについて、またひとを動かすについて「類いまれな眼識」（an uncanny flair）の持ち主であったという感想をコジモに寄せている。[25] 事業の統括とフィレンツェ共和国の統治にかかわることについてはその、「類いまれな眼識」をもって冷徹に相対したコジモ・デ・メディチ、その一方で、ギリシアやローマの古典に魅了され、それらに造詣の深い文人達との交流を心待ちにしていたコジモ・デ・メディチ、そして、カレッジの別荘に出かけると毎朝、二時間ほども農園のぶどうの樹の剪定を楽しむという一面もあったコジモ・デ・メディチ、そのような人物の胸中に去来したものをくっきりと浮かび上がらせることなど、もとよりできない相談である。[26] ただ、さまざまのパトロネージをなすとき、このひとの胸中にあったものにいくぶんか触れるこ

25 de Roover（1963）,p. 75.

26 コジモがぶどうの樹の剪定をことのほか好んだという逸話は書籍商ヴェスパシアーノ・ダ・ビスティッチの評伝に紹介されている。Vespasiano da Bisticci, *Le Vite* vol. II, pp. 194-195.（岩倉・岩倉・天野訳、三三七頁）

とができそうな言葉や書簡がいくつか伝えられている。それらを紹介して本章を締めくくっておきたい。

すでに何度も紹介したように、サン・マルコ修道院の創建に際してコジモは、大がかりな造営の費用をすべて負担しただけでなく、修道僧の日々のつとめに欠かせないしつらえを整えるための寄進も惜しまなかった。書籍商ヴェスパシアーノ・ダ・ビスティッチは評伝の一節で、コジモのこの手厚く、行き届いた気づかいに人びとが示した感嘆とコジモ自身が抱いていた思いについて次のように伝えている。(27)

〔コジモは〕まるで一家の父親のようにすべての面倒を見たのである。多くの人びとは、コジモが聖職者達に示すこれほどの寛大さ〔*liberalita*〕と気配りに驚嘆した……。〔そして〕そのことを多くのひとが尋ねると、コジモは答えたものだった。わたしは神から格別の恩寵を賜ったのに、そのお返しにフィオリーノ金貨を差し出すどころか、一文も返せないでいる借財人〔*debitore*〕だからだ。ただひとつだけ心が痛むのは、十年前までそうしたお金の使い方をしなかったことだ。それはただ手をつけても仕事がうまく運べないと思ったからであり、そうした仕事を財力やあらゆる手段を講じて進めたくなかった訳ではなく、十分な時間の余裕がなかったためなのである。

既述のようにサン・マルコ修道院造営の工事が完了したのは一四四三年とされる。それ

27　Vespasiano da Bisticci, *Le Vite* vol. II, p. 180.（岩倉・岩倉・天野訳、三二七〜三二八頁）なお、文中で寛大さと訳されている語（*liberalita*）は、既述のように気前の良さと解されることの多い言葉である。

ゆえ、このように語ることが事実、あったとすれば、それは、一四四〇年代半ば頃、したがってフィレンツェ帰還から十年、コジモが五十代後半にさしかかった頃のことになる。とにかく、その十年の間、父ジョヴァンニから継承した事業のために、また、共和国の統治にかかわる諸事のために忙殺されてしまい、仕方なく、神からの「借財人」でありつづけたとつぶやいたのだという。

なるほど借財のあることはかならずしも罪ではない。それゆえ、コジモが語ったとされる言葉は、罪の意識の表白であったとはかぎらない。それはそのとおりであろう。けれども、神からの「借財人」でありつづけた自分を恥じ入るようになっていたこと、それもまちがいないであろう。なにしろ、格別の恩寵を賜ったにもかかわらず、びた一文のお返しもできていないのである。

なお、ケントの述べるところであるとして本書の冒頭で紹介したとおりに、コジモには双子の兄弟ダミアーノがいたとすれば、「神から格別の恩寵を賜った」と語るとき、そのことへの思いも重ね合わされていたのかもしれない。というのも、ダミアーノは生まれてまもなく亡くなったというのに、自身は思うさま生きながらえることができているのだから。

晩年のある日コジモは、その惜しみない支援によって卓越したプラトン学者となったマルシーリオ・フィチーノに次のような手紙を書き送っている。[28] 一四六二年、あるいは六三年のある日である。

28 *Marsilio Ficino, Opera Omnia I*, p. 638, Language Department of the School of Economic Science, London (1975), p. 122. なお、ここでもってきてほしいといわれている書物というのは、プラトンの対話集のひとつ、*Philebus* であるという。訳文中の、〈究極の善〉という表現は同書の邦訳版『ピレボス――快楽について』、田中美知太郎訳、プラトン全集四、岩波書店、一九七五に拠っている。

> 昨日、わたしはカレッジにあるわたしの農園に出かけました。農地を耕すためではなく、わたしのこころを涵養するためです。マルシーリオ、できるだけ早くわたし達のところに来てください。君が約束したように、ギリシア語からラテン語への翻訳が出来上がっていると思うので、〈究極の善〉〔*Summo bono*〕についてのプラトンの書物を持ってきてください。もっともたしかに幸福へと導いてくれる道、わたしが心から〔知りたいと〕望んでいるのはそれ以外にないのです。
>
> ではまた。オルフェウスの竪琴を携えて、〔わたし達のもとへ〕来てください。

齢七十を過ぎてなお、ギリシアの古典、とくにプラトンの作品にあこがれに似た気持ちを抱いていたことを示す手紙である。同時に、事業家として、またフィレンツェ共和国の事実上の統治者としてこの世の生を存分に生き抜いたコジモではあるが、そのような生は必ずしも幸福をもたらしてくれなかった、それゆえ、何かしら違う生き方もあったのではないかという思いを抱いていた、そう感じさせる文面でもある。コジモが、それに導いてくれる道を知りたいと切望している幸福とは、どのように生きることでかなえられるのか、それは分からないが。

また、死期がせまった頃、次のようにもらすことがあったという。

この家は、こんなに少数の家族には広すぎる。

これは一四六一年、たのみにしていた次男のジョヴァンニ（ジョヴァンニ・ディ・コジモ・デ・メディチ、一四二一〜一四六三年）の息子でコジモも可愛がっていたコジミーノを亡くしてしまい、さらにその二年後、ジョヴァンニそのひとも失ったときにつぶやいた言葉だという。以後、眼を閉ざしていることが多く、いぶかしく思って問いかける妻コンテッシーナに、かつて、協力関係にあったバルディ家から嫁いできた妻にコジモは、

眼を慣らすためだよ

と答えたという(29)。

同じ頃、身のまわりの世話をしていた女中のひとりとコジモの間で、以下のような会話が交わされることもあったという(30)。

コジモはかれの生涯の最後の日々物思いにふけり、何時間もしゃべらずに考え込んでいることがしばしばあった。ある日のこと女中が何もしゃべらずに黙り込んでいるのはなぜかと尋ねると、コジモはこう言った。おまえが別荘に行かなければならない時には、その旅支度……〔の〕ために二週間は忙しくなるだろう。今私はこの世を離れ

29 マキャヴェッリ『フィレンツェ史』、在里・米山訳、三三四頁。なお、ド・ルーヴァーによればコジモは、フィレンツェ共和国の統治にかかわることは長男のピエーロに、そして事業は次男のジョヴァンニに託そうとしていたという。de Roover (1963), pp. 71, 217.

30 Vespasiano da Bisticci, *Le Vite* vol. II, p. 210.（岩倉・岩倉・天野訳、三五一頁）

て別の〔世界での〕生活に入らねばならないので、大いに思案すべきことがあるとは思わないかねと。

ところで、コジモの孫ロレンツォの備忘録によれば、コジモが身近に置いていた品々のなかに、赤い革表紙の手帳があったという。そして、それは、“God's account” というべきものであったという。[31] 神から恩寵を賜って得られた富と教会や修道院の造営、改修のためになされた寄進、また、困窮している隣人、同胞のために寄せられた支援などの収支を記録した、〈神との出納帳〉とでもいうべきものを身近にもっていたということかもしれない。ただし、オリーゴも紹介しているように、この時代の事業家の間で利益の一定割合を施物として差し出すことがひろく行われていた。また、帳簿にこの施物を記載するために設けられた勘定が “God's account” と呼ばれることもあったという。[32]

いずれにせよ、借財人コジモのなしえた神への返済の次第、それを記録した手帳といってよかろうか。

31 Kent (2000), p. 231.

32 事業を立ち上げるに際して投じられた資金の一部を神からの出資とみなし、その割合に応じた利益を施物として差し出すことも行われたという。Origo (1962), p. 104.

結びにかえて——煉獄のコジモ？

一　コジモは今、どこに？

五百年以上におよぶとされるメディチ家の歴史のなかで起こったさまざまの出来事、演じられた数々のドラマに登場する人びとのうち、もっとも強く印象にのこり、その生涯をなぞってみたいと誘われるのは誰かと問われるとき、コジモではなく孫のロレンツォ・デ・メディチ（一四四九〜一四九二年）の名を挙げる人がすくなくないかもしれない。[1]

祖父コジモの他界からわずか五年後、父ピエーロもその後を追ってしまう。相応の準備も経験もないまま、ロレンツォは二十歳の若さで事業の統轄とフィレンツェ共和国の統治を担わねばならなくなったのである。以後、いくつものはかりごとの標的にされ、また、それらすべての陰にいたとされるローマ教皇シクストゥス四世とのたびかさなる確執に翻弄されながら、ロレンツォは共和国統治のために格闘しつづけた。ただひとりの弟ジュリアーノは、一四七八年、はかりごとのひとつで犠牲になり、その十年後には妻クラリーチェにも先立たれてしまう。[2]このように悲運にみまわれ、波瀾にも満ちたロレンツォ四十三年の生涯は、多くのひとの眼をひきつけずにおかない。同時に、アカデミア・プラトニカの中心に座し、フィチーノをはじめとする文人達との交流のなかで発揮されたロレンツォの才知は輝かしいものであったという。それは以前にも述べたとおりである。マニフィコ

1　メディチ家五百余年の歴史というのは、第六代トスカーナ大公コジモ三世の娘であったアンナ・マリア・ルイーザ（一六六七〜一七四三年）がメディチ直系の最後の子孫であったということによる。なお森田や中嶋によれば、このひとは、その後にトスカーナ大公となった人物、ロートリンゲン家のフランツ・シュテファインに、メディチによって築かれてきた宮殿や別荘には手を触れないこと、庇護した多くの画家や彫刻家によってつくられた作品をフィレンツェの外に持ち出さないことを約束させたという。建造物や美術品という形でのこされたメディチ家の繁栄の面影が、往時のままに今もフィレンツェに保たれているのは、この、アンナ・マリア・ルイーザのお蔭であるといってよいのかもしれない。森田（1999）、三四〇頁、中嶋（2000）、一四四頁

2　一四七八年四月、パッツィ一

という言葉を輝けると解することが不自然でないとすれば、このひとに贈られたロレンツォ・イル・マニフィコ（Lorenzo il Magnifico）という敬称のとおり、輝かしい存在であったといえようか。[3]

トスカーナ大公国の大公であり、偉大な先人の名を継いだコジモ一世（一五一九〜一五七四年）の名を挙げるひともいるかもしれない。一五〇三年、一旦、崩壊したメディチ家によるフィレンツェの統治は、三十年余の紆余曲折を、血腥い出来事もあった曲折を経て、やがて、トスカーナ大公国の大公としての統治という形でよみがえることになる。[4]十五世紀フィレンツェにおいては、事実上の統治者であったとしてもひとりの市民であり、それ以上ではなかったメディチ家の当主は、今や君主となったのである。コジモ一世は、その初代大公であり、その治世の間に、特定の人物やその一族による専制を許さないという理念のもとにつくられた共和国時代の統治の枠組を、つまり、シニョリーア（政府）の要職に就く者が抽選で指名されるという特異な枠組をより機能的なものに刷新して大公国の礎を築いたとされる。さらに、今日風にいえばフィレンツェの都市改造に取り組んだひとであったともいわれる。実際、ピッティ宮殿やヴァザーリの回廊など、今日のフィレンツェの景観を特徴づける建造物のいくつかは、このコジモ一世の発意によって造られたものであるという。妻といく人もの子供達に先立たれたその晩年は、しかし、孤独と無力感のうちに沈んだものであったかもしれない。

フランスの王家に嫁いだ二人の女性の名も忘れないでほしいというひともいよう。カテ

族はロレンツォとジュリアーノの殺害を企てた。陰謀はこともあろうにミサがとりおこなわれているサンタ・マリア・ディ・パニョーネ大聖堂で実行され、ロレンツォは傷を負ったものの、難を逃れることができたが、ジュリアーノは命を奪われてしまった。

3　根占（1997）において強調されているように、この敬称に「豪華王」という訳語を与えるのは、いささか不適切であろう。ロレンツォは、かりに派手好みの一面があったとしても、けっしてそれだけのひとではなかったのだから。

4　血腥い出来事というのは、ロレンツォの弟ジュリアーノの孫にあたり、初代フィレンツェ公となっていたアレッサンドロが暗殺されたことをいう。なお、このアレッサンドロの死亡によって、コジモを父祖とする血脈（兄脈）は絶えたとされる。トスカーナ大公国初代大公となっ

リーナ（一五一九〜八九年）、とマリア（一五七五〜一六四二年）、それぞれフランス国王アンリ二世の妃カトリーヌ・ド・メディシス、同四世の妃マリー・ド・メディシスとなった二人である。イタリアの金貸しの娘と蔑まれながらもカトリーヌは国王の妃として、後には、国王となった息子達の母后として権勢をほしいままにする。十六世紀後半になされたユグノーに対する凄惨な弾圧にかかわっていたともいわれる。マリーもまた、権勢をほしいままにしたが、晩年は息子ルイ十三世によって宮廷を追われ、迎え入れてくれるひとを求めて転々とさすらいつづけねばならなかったようである。

このように波瀾に満ちたかれらの生涯、しかも、ながくはつづかなかったとしても一際、輝いた歳月に彩られた生涯はわたし達に鮮烈な印象を与える。そうした輝きや彩りはコジモには見当たらないものかもしれない。コジモの七十五年におよぶ生涯は、しかし、みごとな生涯であった。命を奪われるおそれもあった危機を乗り越えて三十年にわたってフィレンツェ共和国を統治し、それ以前にくらべて激しい争乱のすくない歳月をフィレンツェに、そしてイタリア全体にもたらすことに寄与している。他界後、共和国政府から贈られた〈祖国の父〉（*Pater Patriae*）という尊称にふさわしい存在であった。コジモはまた、イタリアの有力な都市だけでなく、アルプスの北に点在する交易の要所も網羅した商取引と金融のネットワークを構築し、教皇庁との緊密な関係も維持してメディチの事業を繁栄の頂点に導いた。現世的な成功の機会が開けた時代にあって、その機会をしっかりとつかみとり、この世の生を存分にまっとうしたのである。

たコジモ一世は、コジモの弟ロレンツォに連なる血脈（弟脈）のひとである。

五百年、あるいはそれ以上にもおよぶメディチ家の歴史のなかで、もっとも傑出した存在であったかどうか、それは分からない。けれども、欧州に到来した新しい時代を自身の生き様のなかにみごとに体現してみせたひとであったこと、それはまちがいない。

そのようなコジモではあったが、前章の末尾でみたように五十代後半にさしかかったころから晩年にかけて、神からの「借財人」でありつづけた己を恥じ入り、また、おりにつけて来世について思いをめぐらす言葉をもらすようになっていたと伝えられている。さて、そのコジモは今、どこにいるのか？　ダンテがコジモより後のひとであったとすれば、来世におけるコジモをどのように物語っただろうか？

二　第三の場、煉獄

ル・ゴッフ『煉獄の誕生』にしたがっていえば、十二世紀の末ごろ、死後世界には天国と地獄のほかに第三の場、〈煉獄〉（*Purgatorium*）が存在するという想念が欧州の人びとの間に定着するにいたったという。(5) 〈煉獄〉の存在が確信されるようになった、そういってもよい。

来世における死者の行き先が、あるいは「死者の運命が死の瞬間に決定的に封印を施さ

5　ル・ゴッフ（1981）。

れる」、それも天国か地獄のどちらかに決められてしまうというのは、あまりにきびしくたえがたい。(6) 大罪を犯し、しかも悔悛を拒みつづけた者なら、地獄に堕とされ、永劫の罰をうけるのも仕方ない。けれども、小さな罪は犯していても、いくらかは善きこともなしたひとについては、ただちに天国に召されて永遠のやすらぎを授かることはありえないとしても、地獄とは別に、どこかしら留めおかれる場所が用意されているということはないのだろうか。そこで死者の魂が浄められ、やがては天国に救い上げられる、そのような場所が。

ひとがこのように願うのは自然なことであろう。事実、キリスト教世界にあっては、こうした想念や願望はその初期の時代からあったという。そして、初期教父達や神学者の間でいく世紀にもわたって交わされた錯綜した論議を経て、まだつぐなわれていない罪のある者の、あるいは罪の残滓のある者の魂が浄められる第三の場の存在が確信されるにいたったという。すでにのべたように、十二世紀末のこととされる。わたし達の多くがそうであるように、その生涯が「さほど善くもさほど悪くもなかった人びと」の行き先が〈誕生〉したということもできよう。(7)

そのようなひと、とくに、小罪を犯し、つぐないをしないまま死んだ者や生前の悔悛によってもまだ、つぐないきれてはいない大罪の残滓をもつ者は、その罪を浄めるためにこの煉獄でどれだけかの歳月、罰せられることになる。その〈浄罪の火〉による罰は、地上におけるどのような罰にも増して酷しいものだとされる。罰を受けねばならない歳月は、

6 ル・ゴッフ（1986）、渡辺訳、九四頁。

7 ル・ゴッフ（1981）、渡辺、内田訳、一〇二頁。なお、この「さほど善くもさほど悪くもなかった人びと」という表現は、アウグスティヌスがひとに、とくに罪人に立てた区別に由来するものだという。

図版12　煉獄における霊魂の浄め（サンフランチェスコ修道院，トーディ）

ただし、死者のためにとりなしを乞う生者の祈りによって短縮されうる。つまり、ル・ゴッフもいうように死者と生者の間に一種の連帯が形づくられたのである。[8] しかも、煉獄の出口はただひとつ、天国に開かれている。死者を悼む生者は、懸命に祈り、とりなしを乞うよう誘われる。そのように生者をうながす説教も、教訓逸話という体裁をとってさまざまに語りかけられたという。たとえば、次のような逸話である。

貧しい隣人や同胞からウスラをむさぼり、痛悔はしたもののつぐないをしないまま急死した高利貸しが、妻のまくらもとにあらわれる。妻が自らを犠牲にして祈り、施物、断食、さらには夜を徹した行をつづけて乞うたとりなしによって地獄に堕されるのを免れたからである。高利貸しは妻に感謝の言葉を述べ、さらに七年の間、つづけてほしい、そうすれば自分は完全に救い上げられるだろうからと懇願する。七年後、そのとおりつづけた妻のもとに高利貸しが再度、あらわれ、自分は完全に救い上げられたと話し、礼を述べたとい

8　ル・ゴッフ（1981）、渡辺、内田訳、九六、一二七頁。

図版13　煉獄におけるダンテとベアトリーチェの出会い（アンドレア・ピエリーニ，1853，ピッティ宮近代美術館）

う逸話である。(9)

もちろん、痛悔を拒み、むさぼったウスラの返還にも応じようとしない者、地獄に堕とされると分かっていても巾着にしがみつき、それをけっして手放そうとしなかった手合いには、煉獄に留まって罪を浄めよという審判は下らない。生者がどれほど懸命に祈り、とりなしを乞うても行き先は劫罰の場、地獄以外にない。

ところで、平信徒あるいは民衆の多くが浄罪の場としての煉獄の存在を確信するにいたったとしても、カトリック教会も同様にその存在を認めるようになったとは言い切れない。事実、煉獄の存在を示唆しているとされる聖書のことばの解釈をめぐって、(10)また、初期教父達の説いたところの受け止め方をめぐって長く議論が絶えなかったようである。たしかに、一五六三年のトレント公会議第二五総会で煉獄は存在すること、また、生者の代禱、つまり死者のためにとりなしを乞う祈りがそこに留めおかれている霊魂の救済に役立つものであることを認める教令が採択されている。(11)にも

9　Le Goff (1979), pp. 46-47, ル・ゴッフ (1986)、渡辺訳、九八〜九九頁。なおこれは、ドイツのシトー会修道士カエサリウスによって伝えられた逸話であるという。

10　『ルカによる福音書』一六：一九〜二六、「金持ちとラザロ」の物語において語られる「アブラハムのふところ」、そして『コリントの信徒への手紙』三：一一〜一五に記されている「ただその人は、火の中をくぐり抜けて来た者のように救われます」という一節などが、煉獄の存在を示唆しているとされる。

11　Tanner (1990), p. 774.

かかわらず、公会議に集った聖職者達は、煉獄の観念内容やそれが在る位置について示されたさまざまの見解の全体を教義の埒外に置いた、そうル・ゴッフはみている。[12] つまり、教義に調和しているのはどのような見解であるかについて、立ち入った判断を下すことを避けたというのである。

また、比較的最近、編纂されたカトリックの教義についての文書をみても、煉獄は「義人の霊魂が死後に天国に入る前に清めを受ける場所または状態」であるとされている。[13] 煉獄が、死後の世界にたしかに在る場所とみなされているのかどうか、含みのある定義が与えられているのである。さらに、死後のさばきを受けて人間はどのようになるかという問に答えて別の文書は、「死後のさばきを受けて、人間はそれぞれ、ただちに天国の幸いか、地獄の罰か、練獄のきよめを受けます」と記している。ここでも、練獄（煉獄）はきよめがなされる場所を指しているのか、それともきよめをなさしめる何か、とくに浄罪の火を指しているのか、必ずしも判然としない。[14]

なお、東方教会は一貫して〈煉獄〉という第三の場があるとする教説を認めていない。コジモがその開催に貢献した〈フィレンツェ公会議〉においても、〈煉獄〉について議論が交わされたが、東西両教会の教義解釈の隔たりは大きく、見解の一致をみるにいたらなかったとされる。また、〈煉獄〉という第三の場があるとする教説を認めないことについてはプロテスタントも同じであるという。

12 ル・ゴッフ（1981）、渡辺、内田訳、二一頁。

13 ハードン（1996）、浜訳、七一三頁。傍点、筆者。

14 カトリック中央協議会編（1972）、一一四頁。

三　煉獄のコジモ？

さて、教会や教父達の見解はどうあれ、民衆のなかにはしっかりと定着したとされる三つの場所からなる死後世界、そのどこにコジモは今、いるのだろうか？　煉獄に留めおかれているのだろうか？　わたし達の多くがそうであるように「さほど善くもさほど悪くもなかった人びと」のひとりであったがゆえに。

筆者にはそうは思えない。ぎこちない言い方になってしまうが、コジモはむしろ、「とても善く、かつ、とても悪かったひと」であったと思われる。あるいは、「数々の大いなる善をなした大度量のひと」であったが、同時に、「並大抵でない罪深い所業もすくなからずあったひと」でもあったと。

その事業を通してコジモは、多くの人びとに効益をもたらした。すなわち仕事と日々の糧を得る機会を提供し、そして暮らしに欠かせない品々をもたらした。事実上の統治者としてのコジモは、また、フィレンツェのみならずイタリア半島全体にいくらか平穏な歳月をもたらすことに寄与している。コジモはさらに、いく人もの画家や彫刻家、文人を支援し、十五世紀フィレンツェに華開いたイタリア・ルネサンスを演出した。そして、惜しみない寄進によって、数多くの教会や修道院の造営と改修をなさしめている。さらに、貧しい人びとや不幸な星の下に生まれた赤子の救済と庇護のためにも、惜しみない支援を寄せた。わたし達には到底できそうにない大いなる善をなし、大いなる製作物をつくり出したのである。

その一方でコジモは、批判的な人びとの動きを封じ込めてメディチ・レジームをゆるぎないものとするため、不当な手段にうったえることも辞さなかった。国を追われるいわれのないひとを追放するという理不尽な振舞いがあったともいわれる。また、コジモの時代にメディチが得ていたもののなかに〈忌むべき利得〉が、あるいはウスラと変わるところのない利得が含まれていたこと、それは否定できそうにない。教皇庁との緊密な関係を維持すべく腐心するなかで、聖職の売買というまことに罪深い行為に加担したという疑いも払拭できない。

コジモのパトロネージのすくなくとも一部は、わけても信心会への寄進、捨て子養育院運営への支援は、己がかかわった罪深い行為へのつぐないとしてなされたのかもしれない。いくつもの教会や修道院の造営や改修に寄せられた支援は、罪のゆるしをあがなおうとしてなされたものであったかもしれない。そうであったとして、さて、それはつぐなうに不足のないものであっただろうか？　ゆるしをあがなうに不足のないものであっただろうか？　不足のないものではなかったとすれば、コジモの行き先はやはり煉獄か？　それとも、天国、地獄、煉獄のどれでもないどこかであろうか？　煉獄に留め置かれる人びとの範疇にはおさまりそうにない桁外れの生き様だったがゆえに。[15]

15　天国と地獄の中間には、煉獄のほかにリンブス（*limbus*）と呼ばれる場所があるとされる。生後間もなく、洗礼を受ける前に亡くなった赤子達の魂が迎え入れられるところ、また、旧約時代の父祖、あるいはイエス・キリストの降誕前に他界した義人の魂が憩うところである。後者は、また、古聖所とも呼ばれる。至福直観は許されないが、煉獄に留め置かれている魂が受けねばならないような罰はないという。コジモは、いうまでもなく、そうした赤子でも義人でもなく、リンブスは、その行き先ではありえない。

　いずれにせよ、ただし、多くのひとが祈りをささげ、とりなしを乞うたことであろう。妻や子は別にしても、手厚い支援を受けた画家や彫刻家、文人達が、また、惜しみなく寄進してくれたのがコジモであることを聞きおよんでいるなら、たとえばサン・マルティーノ信心会を通して生きる糧の配布にあずかった人びとが、そして捨て子養育院で庇護された子供達が。事実、その造営、改修にコジモが惜しみない支援を寄せた教会のひとつであり、また、遺骸が納められている教会でもあるサン・ロレンツォ教会では、聖母マリアにとりなしを乞う祈りがコジモのためにささげられたという。それも、毎朝日の出の時刻に。(16)

　それゆえ、煉獄に留め置かれ、浄罪の火によって罰せられているとしても、その期間は、なにほどか短縮されるにちがいない。(17)

16　McKillop (1992), p. 280.

17　コジモは、遠くカスピ海沿岸の国から買われてきた奴隷との間に一子をなしている。石鍋も述べているように、妻コンテッシーナに対して不実であったととがめられても仕方がない。なおコジモは、その子をカルロと名づけて嫡出子と分けへだてなく養育し、聖職者として生きていけるよう、さまざまに計らったという。また、カルロが亡くなったのは一四九二年のことだとされる。三人の息子達のなかではもっとも長生きしたのである。石鍋（2013）、二六八頁。

あとがき

数年前にわたしは、『枢機卿ベッラルミーノの手紙——科学思想史の一つの扉』と題する書物を上梓することができた（未來社、二〇一二年）。そこでわたしが関心を寄せたのは、十六世紀から十八世紀初頭にかけての欧州でなしとげられた変革、しばしば科学革命と呼ばれている科学の歴史上の大きな出来事であった。これに対して本書で眼を留めたのは現世的な成功をつかみとる機会がかつてないほど豊かに開かれた時代の到来という出来事、経済史上の大きな出来事である。欧州で経験されたこれら二つの出来事の間には、ただし、切っても切れないような関連があるわけではない。つまり、一方が他を前提にしてはじめてなしとげられたとか、双方が生起してはじめて何かが完結したといった関連があるわけではない。

けれども、二つの書物は、わたしのなかではひと連なりのものである。

科学革命は衝撃的な出来事であった。現世的な成功をつかみとる機会が豊かに開かれた時代の到来は、また、世にさまざまの葛藤を生ぜしめる出来事であった。そして、カトリック教会は否応なくこの衝撃にさらされ、葛藤の只中に置かれた。そのようなカトリック教会は、これらの出来事をどのように受けとめ、どのように向き合おうとしたか、それが、二つの書物に共通するわたしの関心事である。今すこしいえば、教皇はもとより、あらゆる層の聖職者達、それにスコラ学の学僧や教会法学者達は、科学革命の主役達に、たとえばガリレオ・ガリレイに何を語りかけようとしたか、また、現世的成功の機会が開けた時代を存分に生き抜こうとした人びとに、わけてもコジモ・デ・メディチのような事業家達にどのように向き合おうとしたか、それをみつめ、物語ること、それが、ふたつの書物でわたしが意図したところである。

だがしかし、カトリック教会の何がわたしをとらえるのか。それは、わたし自身にもよくわからない。けれども、その奥行きの深さがわたしをとらえてはなさないのかもしれない。

なるほどカトリック教会にはその権威にものを言わせてひとの口を封じようとする頑迷固陋な聖職者がすくなからずいた。一介の数学者が聖書解釈に踏み込んでくるとは何事かと恫喝するような聖職者が。その一方で、しかし、科学革命の衝撃をしっかりと受けとめ、そのうえで、それを演じてみせた主役達に、ひとの知性のおよびうるところについて怜悧に、かつ整然と説き聞かせようとする聖職者もいた。枢機卿ベッラルミーノがそうであったように。現世的な成功をつかみとる機会の開けた時代が到来すると、高利貸し同然に忌むべき利得を追い求めてはばからない者が世俗の人びとはいうにおよばず、聖職者のなかからも引きもきらずにあらわれた。けれども、そのような容認されてはならない行為についてはきびしく断罪しながら、同時に、まっとうな事業を立ち上げて到来した時代を存分に生き抜こうとする人びとは肯定的に包み込むという柔軟さをあわせもつ聖職者もいた。トマス・アクィナスが、そしてシエナのベルナルディーヌスやフィレンツェのアントニーヌスがそうであったように。どうやら、この奥行きの深さ、それがわたしをとらえてはなさないもののようである。

さて、現世的成功の機会が開けた時代を存分に生き抜こうとした人びとにカトリック教会がどのように向き合おうとしたか、そして、それがコジモ・デ・メディチというひとりの平信徒の生き様のなかにどのように織り込まれているか、それを物語ろうというわたしの意図が本書においてどれほど成就されているか、それはもとより、読者の判断にまつほかない。ただし、なにほどか成就されているとしたら、それは、いく人もの方々のご助力の賜物である。

成蹊大学経済学部の内田日出海教授は、本書のもととなった論文の一つに含まれていた初歩的な誤りをいくつも正してくださった。記してお礼を申し上げたい。

成蹊大学図書館の司書の皆さん、とりわけ縁山由希さんと高瀬洋子さんは、わたしが探しあぐねていた史料や図版を探し出し、それに触れる機会を与えてくださった。同じく成蹊大学経済学部共同研究室の伊藤泰子さんと藤井瞳さんはそうした史料や図版を本書に取り込むについて、何度も手助けをしてくださった。史料を探し出すことやパソコンの操作に一向に習熟できないわたしには、とてもありがたいご助力を賜ったのである。お礼を申し上げねばならない。

また、本書はすべて、わたしが単独飛行で、それも暗闇のなかをわたしの頭のなかにある危うげなコンパスだけを頼りに進路をとるという飛行をつづけて書き上げたものである。そうした無謀な飛行のなかで書き上げられたものであってみれば、さて、そのまま上梓してよいものかどうか、わたしにはいく分、躊躇する気持ちがあった。そのようなわたしを元気づけ、しっかりと書き上げるよう励ましてくださったのは法政大学出版局の高橋浩貴さんである。高橋さんの励ましがなかったら、本書が日の目を見ることはなかったにちがいない。高橋さんからはまた、数年前の書物のときと同様に、それこそ無数の箇所について、的確で平明な叙述となるよう、適切な助言をいただいた。本書がひとつの物語として読んでいただけるに足るものになっているとすれば、それも高橋さんのご助力の賜物である。こころからお礼を申し上げたい。

二〇一五年　盛夏　　　　筆　者

初出一覧

「フィレンツェのアントニーヌスとコジモ・デ・メディチ：第一章　有恕されうる利得、されえない利得」、『成蹊大学経済学部論集』第四三巻第二号、二〇一二年　↓　本書、第一章、第二章

「フィレンツェのアントニーヌスとコジモ・デ・メディチ：第二章　コジモとメディチの事業」、『成蹊大学経済学部論集』第四四巻第一号、二〇一三年　↓　本書、第三章〜第六章

「フィレンツェのアントニーヌスとコジモ・デ・メディチ：第三章　コジモのパトロネージ――それはつぐないの行為であったか？」、『成蹊大学経済学部論集』第四四巻第二号、二〇一三年　↓　本書、第七章、第八章

Renaissance Florence, London: Faber & Faber.

Spicciani, A. (1981), The "Poveri Vergognosi" in Fifteenth-Century Florence: The first 30 years' activity of the Buonimini di S. Martino, Riis, T. ed., *Aspects of Poverty in Early Modern Europe*, Florence: Europaishes Hechshulinstitut.

Vespasiano da Bisticci, *Le Vite, edizione critica con introduzione e commento di Aulo Greco* vol. I, 1970, vol. II, 1976, Firenze: Instituto Nationale di Studi sul Rinascimento, ヴェスパシアーノ・ダ・ビスティッチ『ルネサンスを彩った人びと――ある書籍商の残した「列伝」』, 岩倉具忠・岩倉翔子・天野恵訳（抄訳）, 臨川書店, 2000.

Wood, D. (2002), *Medieval Economic Thought*, Cambridge: Cambridge University Press.

'il Vecchio' de' Medici: essays in commemoration of the 600th *anniversary of Cosimo de' Medici' s birth*, London: Clarendon Press.

——— (2000), *Cosimo De' Medici and the Florentine Renaissance*, New Haven CT: Yale University Press.

Langholm, O. (1991), *Economics in the Medieval Schools*, Leiden: E. J. Brill.

Language Department of the School of Economic Science, London ed. and trans. (1975), *Marsilio Ficino, Meditation on the Soul: Selected Letters of Masilio Ficino*, Rochester, Vermont: Inner Traditions International.

McKillop, S. (1992), Dante and *Lumen Christi*: A Proposal for the meaning of the tomb of Cosimo de' Medici, Ames-Lewis, F. ed., *Cosimo 'il Vecchio' de' Medici: essays in commemoration of the* 600th *anniversary of Cosimo de' Medici' s birth*, London: Clarendon Press.

Mclaughlin, T. P. (1939), The teaching of the canonists on usury, *Medieval Studies* 1, pp. 81-147.

——— (1940), The teaching of the canonists on usury, *Medieval Studies* 2, pp. 1-22.

Nelson, B. N. (1947), The Usurer and the Merchant Prince: Italian Businessmen and the Ecclesiastical Law of Restitution, *The Journal of Economic History* 7, *Supplement*, pp. 104-122.

Noonan, John T. Jr. (1957), *The Scholastic Analysis of Usury*, Cambridge MA: Harvard University Press.

Origo, I. (1957), *The Merchant of Prato*, London: Jonathan Cape, 徳箸曜監修, 篠田綾子訳『プラートの商人』, 白水社, 2008.

——— (1962), *The World of San Bernardino*, NY: A Helen and Kurt Wolfe Book, Harcourt Brace & World, Inc..

de Roover, R. (1944), What is dry exchange? *Journal of Political Economy* 52, pp. 250-266.

——— (1948), *The Medici Bank: its organization, management, operation and decline*, NY: New York University Press.

——— (1963), *The Rise and Decline of the Medici Bank: 1397-1494*, Cambridge MA: Harvard University Press.

——— (1967), *San Bernardino of Siena and Sant' Antonino of Florence: the two great economic thinkers of the middle ages*, Cambridge MA: Harvard Graduate School of Business Administration.

Rubinstein, N. (1966), *The Government of Florence under the Medici: 1434-1494*, Oxford: Clarendon Press.

——— (1968), Florentine Constitutionalism and Medici Ascendancy in the Fifteenth Century, Rubinstein, N. ed., *Florentine Studies: Politics and Society in*

Philosophical Society, New Series 49-4, pp. 1-92.

Becker, M. B. (1957), Three Cases Concerning the Restitution of Usury in Florence, *the Journal of Economic History* 17, pp. 445-450.

Brown, A. (1961), The Humanist Portrait of Cosimo de' Medici, *Journal of the Warburg and Courtauld Institute* 24, pp. 188-214.

Brucker, G. ed. and J. Martines trans. (1967), *Two Memoirs of Renaissance Florence: the Dairies of Buonaccorso Pitti nad Gregorio Dati*, Long Grove, Illinois: Waveland Press, inc.

Edler, F. (1934), *Glossary of Medieval Terms of Business: Italian Series 1200-1600*, Cambridge MA: the Medieval Academy of America.

Edler de Roover, F. (1945), Early Examples of Marine Insurance, *the Journal of Economic History* 5, pp. 172-200.

Ficino, M., *Marsilio Ficino, Opera Omnia* I, Kristeller, P. O. ed. Torino: Bottega D' erasmo, 1983.

Fraser Jenkins, A. D. (1970), Cosimo De' Medici' s Patronage of Architecture and the Theory of Magnificence, *the Journal of the Warburg and Courtauld Institutes*, 33, pp. 162-170.

Gavitt, P. (1981), Economy, Charity, and Community in Florence, 1350-1450, Riis, T. ed., *Aspects of Poverty in Early Modern Europe*, Florence: Europaisches Hochshulinstitut.

Le Goff, J. (1979), The Usurer and Purgatory, Center for Medieval and Renaissance Studies, University of California, Los Angels, *The Dawn of Modern Banking*, New Haven CT: Yale University Press, pp. 25-52.

Holmes, G. (1968), How the Medici Became the Pope' s Bankers, Rubinstein, N. ed., *Florentine Studies: Politics and Society in Renaissance Florence*, London: Faber & Faber.

——— (1992), Cosimo and the Popes, Ames-Lewis, A. ed., *Cosimo 'il Vecchio' de' Medici, 1389-1464: Essays in Commemoration of the 600th Anniversary of Cosimo de' Medici' s Birth*, Oxford: Clarendon Press.

Howard, P. F. (1995a), Entrepreneurial Ne' er-do-well: Sin and Fear in Renaissance Florence, *Memorie Domenicane*, nuova serie 25, pp. 245-258.

——— (1995b), *Beyond the Written Word: Preaching and Thought in the Florence of Archbishop Antoninus 1427-1459*: Instituto Nazionale di Studi Rinascimento, Leo S. Olschki Editore.

Hunt, E. S. and J. M. Murray (1999), *A History of Business in Medieval Europe, 1200-1500*, Cambridge MA: Cambridge University Press.

Kent, D. (1992), The Buonomini di San Martino: Charity for 'the glory of God, the honour of the city, and the commemoration of myself,' Ames-Lewis, F. ed., *Cosimo*

その発展について」,『青山学院女子短期大学紀要』, 49, 53-77 頁.
森田義之（1999）『メディチ家』, 講談社.
中嶋浩郎（2000）『図説　メディチ家――古都フィレンツェと栄光の「王朝」』, 河出書房新社.
根占献一（1999）『ロレンツォ・デ・メディチ――ルネサンス期フィレンツェ社会における個人の形成』, 南窓社.
プラトン『ピレボス――快楽について』, 田中美知太郎訳, 岩波書店, 1975.
高階秀爾（1997）『芸術のパトロンたち』, 岩波書店.
竹内靖雄（1991）『市場の経済思想』, 創文社.
ターナー, ノーマン（1999）『教会会議の歴史――ニカイア会議から第 2 ヴァティカン会議まで』, 野谷啓二訳, 教文館, 2003.
ワトソン, アラン（1991）『ローマ法と比較法』, 瀧澤栄治, 樺島正法訳, 信山社, 2006.

欧文文献

Aquinas, Thomas, *Summa theologiae* 10, Wallace, W. A. ed. and trans., Cambridge: Blackfriars in conjunction with Eyre & Spottiswoode, London and McGraw-hill Book Company, NY, 1967,『神学大全 第 5 冊』, 山本清訳, 創文社, 1967.

———, *Summa theologiae* 28, Gilby, T. ed. and trans., Cambridge: Blackfriars in conjunction with Eyre & Spottiswoode, London and McGraw-hill Book Company, NY, 1966,『神学大全 第 13 冊』, 稲垣良典訳, 創文社, 1977.

———, *Summa theologiae* 37, Gilby, T. ed. and trans., Cambridge: Blackfriars in conjunction with Eyre & Spottiswoode, London and McGraw-hill Book Company, NY, 1975,『神学大全 第 18 冊』, 稲垣良典訳, 創文社, 1985.

———, *Summa theologiae* 38, Lefébure, M. ed. and trans., Cambridge: Blackfriars in conjunction with Eyre & Spottiswoode, London and McGraw-hill Book Company, NY, 1975,『神学大全 第 18 冊』, 稲垣良典訳, 創文社, 1985.

———, *Summa theologiae* 41, O' Brien, T. C. ed. and trans., Cambridge: Blackfriars in conjunction with Eyre & Spottiswoode, London and McGraw-hill Book Company, NY, 1972,『神学大全 第 20 冊』, 稲垣良典訳, 創文社, 1994.

———, *Summa theologiae* 42, Ross, A. and P. G. Walsh ed. and trans., Cambridge: Blackfriars in conjunction with Eyre & Spottiswoode, London and McGraw-hill Book Company, NY, 1966,『神学大全 第21冊』, 渋谷克美, 松根伸治訳, 創文社, 2011.

Baldwin, J. W.（1959）, The Medieval Theories of the Just Price: Romanists, Canonists, and Theologians in the Twelfth and Thirteenth Centuries, *Transactions of the American*

引用・参考文献

邦文文献

アリストテレス『アリストテレス全集15　政治学・経済学』，山本光雄・村川堅太郎訳，岩波書店，1969.

――――『ニコマコス倫理学　上・下』，高田三郎訳，岩波文庫，1971年.

朝倉弘教，内田日出海（2011）『ヨーロッパ経済――過去からの照射』，勁草書房.

バーマン，H. J.（1983）『法と革命　I・II』，宮島直機訳，中央大学出版部，2010.

ボッカッチョ，ジョヴァンニ『デカメロン』，河島英明訳，講談社，1999.

チェスタトン，ギルバート（1908）『正統とは何か』，福田恆存・安西徹雄訳，春秋社，1973.

――――（1933）『久遠の聖者』，生地竹郎訳，春秋社，1976.

クルーラス，イヴァン（1982）『ロレンツォ豪華王』，大久保康明訳，河出書房新社，1989.

ダンテ・アリギエーリ『神曲』，平川祐弘訳，ギュスターヴ・ドレ画，河出書房新社，2010.

デンツィンガー，H. 編，A. シェーンメッツァー増補改訂（1976）『カトリック教会文書資料集』，A. ジンマーマン監修，浜寛五郎訳，エンデルレ書店，1982.

ル・ゴッフ（1981）『煉獄の誕生』，渡辺香根夫・内田洋訳，法政大学出版局，1988.

――――（1986）『中世の高利貸――金も命も』，渡辺香根夫訳，法政大学出版局，1989.

ハードン，ジョン編著（1996）『現代カトリック事典』，A. ジンマーマン監修，浜寛五郎訳，エンデルレ書店.

石鍋真澄（2013）『フィレンツェの世紀――ルネサンス美術とパトロンの物語』，平凡社.

イエディン，フーベルト（1981）『公会議史――ニカイアから第二ヴァティカンまで』，梅津尚志，出崎澄男訳，南窓社，1986.

カトリック中央協議会編（1972）『カトリック要理（改訂版）』，中央出版社.

ヨンパルト，ホセ（1997）『教会法とは何だろうか』，成文堂.

マキャヴェッリ，ニッコロ『マキャヴェッリ全集3　フィレンツェ史』，在里寛司・米山喜晟訳，筑摩書房，1999.

前之園幸一郎（1995）「フィレンツェにおけるインノチェンティ捨て子養育院の創設と

マリア（Marie） → マリー・ド・メディシス
ロレンツォ・ディ・ジョヴァンニ・デ・――（Lorenzo di Giovanni de' Medici, コジモの弟） 104, 110, 111, 115, 116, 126, 152, 158, 199, 253
ロレンツォ・ディ・ピエーロ・デ・――（Lorenzo di Piero de' Medici, ロレンツォ・イル・マニフィコ（Lorenzo il Magnifico），コジモの孫） 94, 157, 197, 198, 209, 214, 220, 222, 248, 251, 252
森田義之（もりた・よしゆき） 92, 96, 97, 100, 102, 109, 111, 194, 196, 199, 222, 251

ヤ行・ラ行・ワ行

ユーリウス2世（Julius II, 教皇） 187, 188
ユスティニアーヌス1世（Justinianus I, 東ローマ帝国皇帝） 36, 37
ヨアンネス8世（Ioannes VIII, ビザンツ帝国皇帝） 213
ヨハネ（Ioannes） 15, 16
ヨハンネス23世（Johannes XXIII, 教皇, 在位1410-1415, バルダッサーレ・コッサ〔Baldassare Cossa〕） 108, 181, 195
ヨハンネス23世（Johannes XXIII, 教皇, 在位1958-1963） 109
ヨンパルト, ホセ（José Llompart） 20
ライムンドゥス, ペニャフォルテの（Raimundus de Peñaforte） 24, 54, 56, 72
ライムンドゥス（Raimundus） 235
ランゴルム, オッド（Odd Langholm） 45
リッピ, フィリッポ（Filippo Lippi） 193, 238
ルイ13世（Leis X III, フランス国王） 253
ルービンシュタイン, ニコライ（Nicolai Rubinstein） 89, 92, 93, 122, 124, 125, 127-129, 133
ル・ゴッフ, ジャック（Jacques le Goff） 16, 18, 20, 21, 24, 29, 31, 254-258
ルター, マルティン（Martin Luther） 155
ルチェッライ, ジョヴァンニ・ディ・パオロ（Giovanni di Paolo Rucellai） 191, 192
ローレンティウス・デ・リドルフィス（Laurentius de' Ridolfis） 58
ロッシ, ロベルト・デ（Roberto de' Rossi） 195
ワトソン, アラン（Alan Watson） 36-40, 47, 155

マキャヴェッリ，ニッコロ（Niccolò Machiavelli）　1, 110, 115, 116, 124, 199, 247
マキロップ，スーザン（Susan McKillop）　1, 2, 126, 261
マクラフリン，テレンス（Terence P. McLaughlin）　27, 28, 36, 38, 47, 48, 52, 53, 81, 226
マタイ（Matthaeus）　5, 6
マッフェイ，ティモテオ（Timoteo Maffei）　222, 223
マリー・ド・メディシス（Marie de Médicis, フランス国王妃）　253
マルティヌス5世（Martinus V, 教皇）　108-110, 155
マレー，ジェイムス（James M. Murray）　4, 82, 88, 98, 138, 159, 160
ミケロッツォ・ディ・バルトロメオ（Michelozzo di Bartolomeo Michelozzi）　194, 201
メディチ家
　アヴェラルド・ディ・フランチェスコ・デ・――（Averard di Francesco de' Medici, コジモの従兄弟）　104, 115, 116, 126
　アレッサンドロ（Alessandro di Giulio de' Medici, フィレンツェ公）　252
　アンナ・マリア・ルイーザ・デ・――（Anna Maria Luisa de' Medici）　251
　ヴィエーリ・ディ・カンビオ・デ・――（Vieri di Cambio de' Medici）　96, 101-104, 108, 111, 159, 183
　カテリーナ（Caterina）→　カトリーヌ・ド・メディシス
　カルロ・ディ・コジモ・デ・――（Carlo di Cosimo de' Medici, コジモの庶子）　261
　クラリーチェ・オルシーニ（Clarice Orsini, ロレンツォ・イル・マニフィコの妻）　251
　コジミーノ（Cosimino di Giovannni de' Medici, コジモの孫）　247
　コジモ1世（Cosimo I, トスカーナ大公国大公）　252, 253
　コンテッシーナ・デ・バルディ（Contessina de' Bardi, コジモの妻）　247, 261
　サルヴェストロ・デ・――（Salvestro de' Medici）　100, 101
　ジュリアーノ・ディ・ピエーロ・デ・――（Giuliano di Piero de' Medici, コジモの孫）　209, 251, 252
　ジョヴァンニ・ディ・アヴェラルド・デ・――（Giovanni di Averard de' Medici, ジョヴァンニ・ディ・ビッチ〔Giovannni di Bicci〕, コジモの父）　96, 101-111, 115, 116, 121, 137, 138, 148, 152, 156, 159, 160, 167, 180, 181, 183, 192, 195, 199, 209, 211, 245
　ジョヴァンニ・ディ・コジモ・デ・――（Giovanni di Cosimo de' Medici, コジモの次男）　247
　ダミアーノ（Damiano di Giovanni de' Medici, コジモの双子の兄弟）　2, 3, 236, 245
　ピエーロ・ディ・コジモ・デ・――（Piero di Cosimo de' Medici, コジモの長男）　94, 157, 194, 214, 222, 247, 251
　ピッカルダ・デ・ブエーリ（Piccarda de' Bueri, コジモの母）　103, 199
　フィリーニョ・ディ・コンテ・デ・――（Filinio di Conte de' Medici）　96

パレントゥチェッリ，トッマーゾ　→　ニコラウス5世
ハワード，ピーター（Peter F. Howard）　240, 241
ハント，エドゥウィン（Edwin S. Hunt）　4, 82, 88, 98, 138, 159, 160
ピウス2世（Pius II，教皇）　141, 181
ピッティ，ルーカ（Luca Pitty）　129
フィチーノ，マルシーリオ（Marsilio Ficino）　197, 222, 245, 246
フス，ヤン（Jan Hus）　175
ブラウン，アリソン（Alison M. Brown）　120, 197, 220
ブラッチョリーニ，ポッジョ（Poggio Bracciolini）　120, 195
フランチェスコ，アッシジの（Francesco d' Assisi）　235
プレトーン，ゲミストス（Gemistus Plethon）　196, 197, 214, 232
プラトン（Plato）　196-198, 245, 246
フランソワ1世（François I，フランス国王）　187, 188
ブルーニ，レオナルド（Leonardo Bruni）　120, 195
ブルネッレスキ，フィリッポ（Filippo Brunellesci）　194, 199-201, 209
フレイザー＝ジェンキンス（A. D. Fraser Jenkins）　222, 223
ベッカー，マーヴィン（Marvin B. Becker）　26, 226, 227
ベッサリオン，ヨアンネス（Ioannes Bessarion）　196, 214
ペトラルカ，フランチェスコ（Francesco Petrarca）　204
ペトロ（Petrus）　214
ベネディクトゥス13世（Benedictus XIII，教皇）　108
ベルナルディーヌス（Bernardinus, Bernardino di Tollo degli Albizzeschi）　8, 9, 59-61, 74-77, 155, 170, 171, 177, 179, 225, 242
ベンチ，ジョヴァンニ・ダメリーゴ（Giovanni d' Amerigo Benci）　139, 160-162, 191, 192
ホームズ，ジョージ（George Holmes）　108, 110, 181, 195, 231, 232
ボールドウィン，ジョン（John W. Baldwin）　51
ボッカッチョ，ジョヴァンニ（Giovanni Boccaccio）　88, 99, 204
ボニファティウス8世（Bonifatius VIII，教皇）　24, 154, 155
ホラティウス（Horatius）　220
ポルティナーリ，トッマーゾ（Tommaso Portinari）　161

マ行

マエケナス，ガイウス（Gaius Maecenas）　220
前之園幸一郎（まえのその・こういちろう）　209-211
マキャヴェッリ，ジローラモ（Girolamo Machiavelli）　129

デンツィンガー（H. Denzinger）　214
ドナテッロ（Donatello）　194, 195, 198
トマス・アクィナス（Thomas Aquinas）　8, 14, 25, 26, 37, 42, 44-51, 54, 56, 62-66, 68, 70, 73, 76-79, 168, 170, 219, 221, 223-225, 233
トマス，チョバムの（Thomas de Chobahm）　19, 20, 24, 25, 225
トラヴェルサーリ，アンブロージオ（Ambrogio Traversari）　195, 196
トリボニアーヌス（Toribonianus）　37
ド・ルーヴァー，レイモン（Raymond de Roover）　7, 13, 21, 23, 36, 58, 60, 61, 71, 81, 82, 104-106, 109-111, 126, 131, 138-142, 144, 148, 151, 153-159, 161, 167, 170, 171, 180, 182, 183, 189, 190, 192, 211, 243, 247
トルナブオーニ，ジョヴァンニ（Giovanni Tornabuoni）　157

ナ行

中嶋浩郎（なかじま・ひろお）　109, 251
ナポレオン3世（Napoléon III）　88
ニコラウス5世（Nicolaus V，教皇，トッマーゾ・パレントゥチェッリ〔Tommaso Parentucceli〕）　132, 204
ニッコリ，ニッコロ（Niccolò Niccoli）　204
ヌーナン，ジョン（John T. Noonan Jr.）　13, 21, 36, 38, 40, 46, 54, 57-60, 68, 71-74, 77, 78, 156, 172, 177-179, 182
根占献一（ねじめ・けんいち）　89, 93, 125, 129, 205, 220, 250, 252
ネルソン，ベンジャミン（Benjamin N. Nelson）　225-227, 234, 239

ハ行

ハードン，ジョン（John A. Hardon）　258
バーマン，ハロルド（Harold J. Berman）　149
ハインリヒ4世（Heinrich IV，神聖ローマ帝国皇帝）　149
パウルス2世（Paulus II，教皇）　141
ハドリアーヌス（Hadrianus，ローマ帝国皇帝）　37
バルダッサーレ・コッサ　→　ヨハンネス23世
バルディ家
　イラリオーネ・デ・――（Ilarione di Lippaccio de' Bardi）　160
　コンテッシーナ　→　メディチ
　ベネデット・デ・――（Benedetto di Lippaccio de' Bardi）　104-109, 160

クレメンス6世（Clemens VI，教皇，在位 1342-1352） 155
クルーラス，イヴァン（Ivan Cloulas） 91, 102, 105, 106, 117, 124, 143
ケント，デール（Dale Kent） 3, 117, 121, 133, 195, 196, 199-202, 207-209, 214, 215, 236-239, 245, 248
ゲンナディオス2世（Gennadius II，コンスタンティノープル総主教〔総大司教〕） 213
コスマス（Cosmas，殉教者） 1, 3, 236-238
ゴッツォリ，ベノッツォ（Benozzo Gozzoli） 193, 201, 202, 212-214, 221, 236-238
ゴッフレドゥス（Goffredus，枢機卿） 73

サ行

サヴォナローラ，ジローラモ（Girolamo Savonarola） 22
サセッティ，フランチェスコ（Francesco Sasetti） 161
サルターティ，アントーニオ（Antonio di Messer Francesco Salutati） 139, 160-162
シギスムント（Sigismund，神聖ローマ帝国皇帝） 108, 212
シクストゥス4世（Sixtus IV，教皇） 239, 251
シャルル剛胆公（Charles le Téméraire，ブルゴーニュ公） 161
シュテファイン，フランツ（Franz Schutefein） 251
スピッキアニ，アムレト（Amleto Spicciani） 208, 209, 239
ストロッツィ，パッラ（Palla Strozzi） 126, 127
スフォルツァ，フランチェスコ（Francesco Sforza, 1401-1466） 131

タ行

ダーティ，グレゴリオ（Gregorio Dati） 241, 242
ダーティーニ，フランチェスコ・デ・マルコ（Francesco di Marco Datini, 1335-1410） 7, 68, 69, 82, 159, 209
高階秀爾（たかしな・しゅうじ） 188, 192, 198
竹内靖雄（たけうち・やすお） 45, 51
タナー，ノーマン（Norman P. Tanner） 19, 20, 26-28, 109, 227, 257
タナッリ，ヤコポ・ディ・ビアジョ（Jacopo di Biagio Tanagli） 209
ダミアーヌス（Damianus，殉教者） 1, 3, 236, 237
ダンテ・アリギエーリ（Dante Alighieri） 28, 29, 31, 88, 97, 98, 102, 154, 182, 204, 206, 254, 257
チェスタトン，ギルバート（Gilbert K. Chesterton） 45
ディオクレティアーヌス（Diocletianus，ローマ帝国皇帝） 1

ルキーノ・——（Lucino Visconti）　131
ヴィタリアーノ・デル・デンテ（Vitaliano del Dente）　30, 31
ヴィットリオ・エマヌエーレ2世（Vittorio Emanuele II，サルディーニア王国国王）　88
ウェーバー，マックス（Max Weber）　82
ヴェスパシアーノ・ダ・ビスティッチ（Vespasiano da Bisticci）　9, 23, 121, 126, 127, 195, 197, 199, 201, 204, 205, 207, 222, 235, 243, 244
ウェルギリウス（Vergilius）　29, 220
内田日出海（うちだ・ひでみ）　4
ウッド，ダイアナ（Diana Wood）　36, 55, 71, 72
ウルピアーヌス（Ulpianus）　37
エウゲニウス4世（Eugenius IV，教皇）　22, 23, 119, 127, 153, 200, 202, 209, 212, 213, 225, 231, 234, 235
エドラー，フローレンス（Florence Edler，フローレンス・エドラー・ド・ルーヴァー〔Florence Edler de Roover〕）　40, 71, 105
エドワード3世（Edward III，英国国王）　98, 141
エドワード4世（Edward IV，英国国王）　140
オスティアンシス（Hostiensis）　28, 47, 54, 56, 73
オッカム，ウイリアム（William Ockham）　212
オリーゴ，イリス（Iris Origo）　7, 41, 69, 76, 100, 131, 159, 170, 208-210, 248

カ行

ガーイウス（Gaius）　37
カエサリウス（Caesarius）　257
ガヴィット，フィリップ（Philip Gavitt）　242
カトリーヌ・ド・メディシス（Catherine de Médicis，フランス国王妃）　253
ガリヴァルディ（Garivaldi）　88
キケロ（Marcus Tullius Cicero）　115, 133, 134
ギベルティ，ロレンツォ（Lorenzo Ghiberti）　193, 198, 200
クザーヌス，ニコラウス（Nicolaus Cusanus）　212
グラティアヌス，ヨハンネス（Johannes Gratianus）　24
グレゴリウス7世（Gregorius VII，教皇）　149
グレゴリウス9世（Gregorius IX，教皇）　24, 52, 54, 70, 72
グレゴリウス11世（Gregorius XI，教皇）　99
グレゴリウス12世（Gregorius XII，教皇）　108
クレメンス5世（Clemens V，教皇）　24

人名索引

ア行

アウグスティヌス（Augustinus, ヒッポの司教） 62, 255
アウグストゥス（Augustus, ローマ帝国初代皇帝） 220
アクィナス → トマス・アクィナス
朝倉弘教（あさくら・ひろのり） 4
アッゾ（Azzo, アーゾ〔Azo〕とも） 37, 47, 48, 50, 51
アッチャイウォーリ，ドナート（Donato Acciaiuoli） 134
アリストテレス（Aristoteles） 37, 45, 46, 197, 220
アルギュロプーロス（Argyropoulos） 220
アルビッツィ家
　オルマンノ・ディ・リナルド・デリ・——（Ormanno di Rinaldo degli Albizzi） 126
　リナルド・デリ・——（Rinaldo degli Albizzi） 117-119, 123, 126, 127
アングル，ジャン・オーギュスト・ドミニク（Jean Auguste Dominique Ingres） 188
アンジェリコ，フラ（Fra Angelico） 193, 236, 237
アントニーヌス（Antoninus, Antonio Pierozzi） 8, 9, 21-23, 59-61, 74, 77, 155, 170-174, 177, 178, 182, 202, 204, 206, 207, 225, 227, 229, 230, 238-242
アンリ2世（Henri II, フランス国王） 253
アンリ4世（Henri IV, フランス国王） 253
イエディン，フーベルト（Hubert Jedin） 20
石鍋真澄（いしなべ・ますみ） 110, 124, 200, 261
稲垣良典（いながき・りょうすけ） 46
イルネリウス（Irnerius） 37
インノケンティウス3世（Innocentius III, 教皇） 27, 72
インノケンティウス4世（Innocentius IV, 教皇） 52, 72
ヴァザーリ，ジョルジョ（Giorgio Vasari） 194, 200, 252
ウィクリフ，ジョン（John Wicliff） 175
ヴィスコンティ家
　ジャン・ガレアッツォ・——（Gian Galeazzo Visconti, ミラノ公） 131
　フィリッポ・マリア・——（Filippo Maria Visconti, ミラノ公） 131

西藤　洋（にしふじ・ひろし）

1943年，東京都生まれ．東京大学経済学部卒業，同大学大学院経済学研究科博士後期課程中退．成蹊大学名誉教授．著書に『枢機卿ベッラルミーノの手紙――科学思想史への一つの扉』（未來社，2012年）．

神からの借財人　コジモ・デ・メディチ
――十五世紀フィレンツェにおける一事業家の成功と罪

2015年8月25日　初版第1刷発行
著　者　西藤　洋
発行所　一般財団法人　法政大学出版局
〒102-0071 東京都千代田区富士見2-17-1
電話 03(5214)5540　振替 00160-6-95814
組版：HUP　印刷：日経印刷　製本：積信堂
装幀：小林 剛（UNA）

Printed in Japan
ISBN978-4-588-37403-6